AF502050

LES PAPIERS

DE

PIERRE ROTROU DE SAUDREVILLE

SECRÉTAIRE DU MARÉCHAL DE GUÉBRIANT

COMMISSAIRE DES GUERRES A L'ARMÉE D'ALLEMAGNE
CONSEILLER-SECRÉTAIRE
DU ROI, MAISON, COURONNE DE FRANCE, ET DE SES FINANCES

PUBLIÉS PAR

LÉONCE PERSON
Professeur au Lycée Condorcet

INTRODUCTION

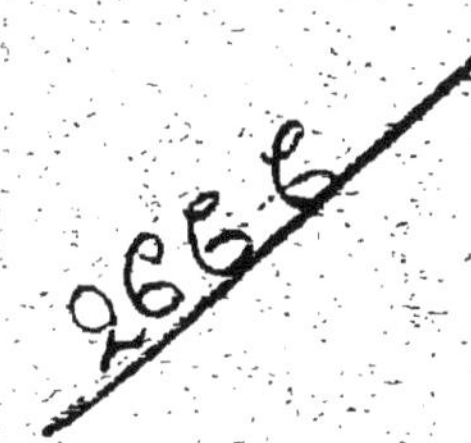

PARIS
LÉOPOLD CERF, ÉDITEUR
13, RUE DE MÉDICIS, 13

1883

LES PAPIERS

DE

PIERRE ROTROU DE SAUDREVILLE

DU MÊME AUTEUR :

HISTOIRE DU *VÉRITABLE SAINT-GENEST* DE ROTROU.

HISTOIRE DU *VENCESLAS* DE ROTROU, SUIVIE DES *NOTES CRITIQUES ET BIOGRAPHIQUES.*

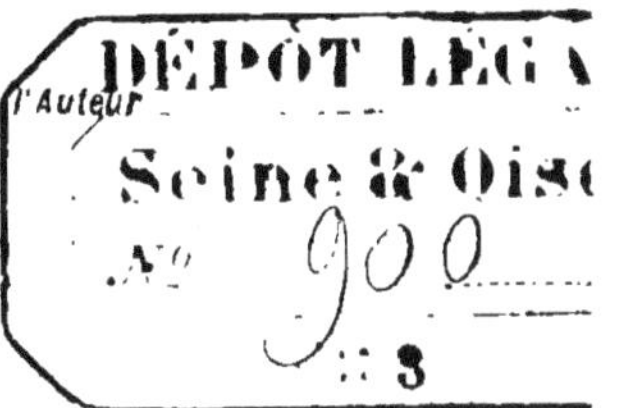

LES PAPIERS

DE

PIERRE ROTROU DE SAUDREVILLE

SECRÉTAIRE DU MARÉCHAL DE GUÉBRIANT

COMMISSAIRE DES GUERRES A L'ARMÉE D'ALLEMAGNE
CONSEILLER-SECRÉTAIRE
DU ROI, MAISON, COURONNE DE FRANCE, ET DE SES FINANCES

PUBLIÉS PAR

LÉONCE PERSON
Professeur au Lycée Condorcet

INTRODUCTION

PARIS
LÉOPOLD CERF, ÉDITEUR
13, RUE DE MÉDICIS, 13

1883

A M. MICHEL DE ROTROU

ANCIEN JUGE CONSULAIRE A PARIS,
ANCIEN MAIRE DE MONTREUIL-SOUS-BOIS,
CHEVALIER DE LA LÉGION D'HONNEUR ;

A SES DEUX FILS

MM. RENÉ DE ROTROU

ANCIEN ENSEIGNE DE VAISSEAU,

SAINT-REMY DE ROTROU

LIEUTENANT DE VAISSEAU,
CHEVALIER DE LA LÉGION D'HONNEUR.

LES PAPIERS

DE

PIERRE ROTROU DE SAUDREVILLE

INTRODUCTION

SOMMAIRE :

I. Pierre de Rotrou, légataire des papiers du maréchal de Guebriant. — II. Quelques exemples d'indications nouvelles que les historiens pourront trouver dans ces papiers : Jean Le Laboureur; M. le duc d'Aumale ; M. Tamizey de Larroque. — III. Le siège de Guise en 1636 : une lettre inédite du cardinal de Richelieu. — IV. Premiers rapports de P. de Rotrou avec Guebriant. Il est nommé commissaire des guerres. Rotrou nouvelliste. — V. Rotrou accompagne la maréchale de Guebriant en Pologne. Le seigneur de Saudreville. Comment a-t-il pu donner, à son frère le poète, le funeste conseil de quitter Dreux au moment de l'épidémie. — VI. Les principaux correspondants de Rotrou : le maréchal de Guebriant, ses dures épreuves. La maréchale, concours qu'elle prête à son mari. Une arrestation à Brisach, d'après Priolo et la duchesse de Nemours. — VII. Le ministre Sublet De Noyers. Le Commissaire général de l'armée d'Allemagne, M. de Tracy. Ce que nous apprennent les papiers de Rotrou sur les mœurs de l'époque, le caractère des hommes de guerre et la grandeur de la monarchie française. — VIII. Emprunts faits par Jean Le Laboureur aux papiers de Rotrou. — IX. Difficultés de la transcription de ces documents manuscrits, au point de vue de l'orthographe. — X. Les descendants de Pierre de Rotrou, seigneur de Saudreville, depuis l'année 1649 jusqu'en l'année 1883.

APPENDICE : Contribution à l'histoire de l'*Hypocondriaque*, du *Véritable Saint-Genest*, du *Venceslas* et du *Cosroès* de Jean de Rotrou.

I

Lorsque le maréchal de Guebriant reçut devant Rottweil l'horrible blessure que décrivent, avec un réalisme poignant, les *Mélanges* de Clairembault[1], il mit immédiatement ordre à ses affaires, avec une admirable présence d'esprit. Voici les détails précis que nous donne son historien, Jean Le Laboureur : il recommanda sa femme au marquis du Bec, son beau-frère, ayant plus de confiance en lui qu'en un testament écrit de sa propre main[2] ; il détacha la turquoise qu'il

[1] *Mélanges manuscrits* de Clairembault (Bibliothèque nationale, t. 389, folio 1455). Le narrateur ajoute, à la date du 19 novembre 1643 : « Il faut juger que Dieu en a voulu » chastier cette armée : les soins continuels de Monsieur » le mareschal et les peines qu'il prend luy mesme par » tout sont les moyens par où il y a esté conduit. »

[2] René du Bec II, marquis de Vardes, époux de la comtesse de Moret, frère de la maréchale de Guebriant, gouverneur de la Capelle, avait par faiblesse, en 1636, rendu cette place aux Espagnols. Que n'avait-il suivi l'exemple de son beau-frère de Guebriant, gouverneur de Guise, à deux pas de lui ! C'est ce malheureux du Bec que Richelieu désigne sous le nom de sieur de Vardes (*Mémoires*, t. III, p. 67, de la collection Michaud). Nous avons trouvé au Dépôt de la Guerre (volume 32, folio 162) la minute d'un ordre du Roi rappelant que le marquis du Bec venait d'être condamné à être tiré à quatre chevaux, et enjoignant à un exempt de la prévôté de se rendre à Bosse en Vexin, d'y faire raser, démolir, ou brûler, pour plus de diligence, la maison du marquis, et de faire couper les bois de haute futaie à hauteur d'homme. Ajoutons que le beau-frère de Guebriant se réhabilita, et fit oublier dans la suite le fâ-

portait au doigt pour qu'on la remit, avec son chapelet, à la maréchale ; il donna des instructions pour l'éducation de ses neveux ; ordonna la restitution de plusieurs chevaux empruntés à des particuliers pour les besoins de la guerre ; fonda des messes pour le repos de son âme ; légua son cheval de bataille et son épée à M. de Liancourt, comme il avait reçu lui-même, dans une circonstance analogue, le cheval du duc de Weymar, et les armes du maréchal Banier. Puis, n'oubliant aucun détail du service, il s'occupa de mettre dans Rottweil une bonne garnison ; donna ordre de raccommoder les moulins, de faire cuire du pain ; régla les comptes de l'armée et fit sa caisse, ce qui ne devait pas être, à vrai dire, une opération bien compliquée, car à cette époque, et à l'armée de Guebriant surtout, la caisse était vide. Enfin, après avoir adressé une foule de recommandations au duc de Wurtemberg, il expira le 24 novembre 1643. Le Roi de France, — un roi de cinq ans, — perdait en lui « le plus » fidèle, le plus généreux, le plus vertueux de » ses serviteurs [1] ».

---

cheux souvenir de 1636. Un de ses fils sera le fameux courtisan de Louis XIV, le marquis de Vardes. Avant de devenir le beau-frère de René du Bec, Guebriant avait été son témoin, dans un duel que raconte Le Laboureur.

[1] Lettre du Roy et de la Reyne aux Srs de Virtemberg, Rozen, Taupadel, d'Erlac et Schimbeck, du 4e décembre 1643. Dépôt de la Guerre, volume 77, folio 150.

A la première nouvelle de la blessure du maréchal, Pierre de Rotrou, secrétaire de l'armée et commissaire des guerres, partit de Paris en toute hâte, avec des chirurgiens expérimentés[1]. Il trouva la dépouille mortelle de son maître à Brisach. Mourant, on l'avait placé sur une échelle déjà dressée pour l'assaut : mort, il avait fallu le transporter à dos de mulet, à travers mille obstacles, à peine escorté de quelques compagnies sans cesse harcelées par l'ennemi. Le fidèle serviteur ramena le corps de Guebriant jusqu'à Notre-Dame-de-Paris, comme devait être conduit quelques années plus tard, à Saint-Denis, le cercueil de Turenne, son élève dans l'art de la guerre, et son successeur dans le commandement de cette même armée d'Allemagne.

Mais avec ces précieux restes, Pierre de Rotrou rapporta autre chose encore.

---

[1] Ordre du Roi, contresigné par Le Tellier, « à Bertreau » chirurgien major au Régiment de Piedmont de s'acheminer incontinent à Brizac pour penser le s^r^ mareschal » de Guebriant. — Passeports pour les s^rs^ de Rotrou et » Dalencé se rendant à Brizac, adressé à M. Lambert, » gouverneur de la ville et cytadelle de Metz ; à M. Duhamel gouverneur de St-Dizier ; à M. de la Ferté Senneterre, gouverneur et lieutenant-général en Lorraine et » Bavarrois. » Passeport signé par le Roi, contresigné par Deloménie, « pour M. de la Tourille, avec un chirurgien ; » pour le s^r^ de la Tourille avec les s^rs^ d'Alencé et Bertreau. » — Passeport pour le sieur de Rotrou avec les s^rs^ d'Alencé » et Bertreau. » En tout, sept pièces distinctes, toutes datées du 1er décembre 1643 (Papiers de Rotrou).

En effet, dans tous les détails que nous venons d'énumérer, touchant les dernières dispositions du maréchal de Guebriant, il manque une prescription, qui sans aucun doute a été faite, et que l'historien a oublié de mentionner. Diplomate et négociateur, en même temps que général, Guebriant avait avec lui des papiers importants, des ordres, des lettres, des rapports, des conventions et des traités, en un mot des archives. Qui fut chargé au dernier moment de les recueillir et de les garder ? N'est-il pas naturel de penser qu'il dut, avant de mourir, confier expressément ce soin à son secrétaire Pierre de Rotrou ; à celui qui avait été, de près ou à distance, son confident le plus intime, qui s'était occupé de tous ses intérêts publics et privés, qui avait eu la plume en son nom et au nom même de la maréchale[1] ?

---

[1] Rotrou était le Charpentier, le Rose du maréchal et de la maréchale de Guebriant : le 15 août 1643 il écrit de Paris au maréchal : « J'ay rendu a M. le comte de Brienne » une lettre conforme en substance à celle que V. Exc. » escrivit à M. le Cardinal Mazarin, Madame l'ayant jugé à » propos, et m'ayant mesme commandé de vous en donner » advis, affin que lorsque vous luy escrirés, vous puissiés » prendre vos mesures ladessus. »

Le 5 mai de la même année, la maréchale étant à Brisach, auprès de son mari, lui avait mandé ceci : « Ecrivés a » madame du Halier une lestre de complimans sur sa nou- » velle dignité et contrefaite bien mon écriture. » (Papiers de Rotrou).

Il s'agit ici sans doute de la promotion de du Hallier, maréchal de l'Hospital, « ce vieillard expérimenté », qui devant Rocroy ne put atteindre au dessein qu'avait conçu

Arrivé à Brisach, Rotrou prit donc possession de ce legs ; il mit en ordre les papiers de son maître, il y ajouta ceux qu'il avait déjà entre les mains. Et après les avoir communiqués à Jean Le Laboureur qui puisa dans cette collection les principaux éléments de son histoire, il les transmit à ses descendants.

C'est la partie encore inédite de ces documents que nous nous proposons de publier prochainement, espérant qu'on les trouvera assez intéressants pour ne pas nous ranger dans la catégorie de ces gens atteints de la dangereuse maladie qu'un critique vient d'appeler « la manie du do- » cument et la fureur des inédits ».

Les papiers de Rotrou se composent : 1° des ordres du Roi et des lettres de ses ministres, Richelieu et Mazarin, Sublet De Noyers, Le Tellier et Chavigny. Ces ordres et ces lettres sont encore revêtus de leurs cachets et de leurs

---

le duc d'Anguien. Il fut nommé maréchal le 6 avril 1643 (Chéruel, Lettres de Mazarin, t. I, p. 147). C'est à sa première femme que la maréchale de Guebriant écrivit avec la plume de Rotrou.

Ces félicitations adressées par une autre main nous rappellent un billet de Catinat à son frère, où il lui recommande quatre lettres à cachet volant qu'il adresse à de grands personnages : « Si elles sont bien, suivant ce que tu auras » appris du cérémonial, tu n'auras qu'à les envoyer ; s'il » y a à changer, ils ne connaissent pas mon écriture ; écris- » les de ta main : *mets-y toute la sauce*, et signe : le maré- » chal de Catinat. » Rotrou, lui aussi, savait mettre toute la sauce.

fils de soie : les lettres des ministres, celles de Sublet De Noyers notamment, sont, pour la plupart, autographes ; — 2° de lettres d'un grand nombre de personnages célèbres de l'époque, duc de Longueville, comte de Soissons, duc de Chaulnes, prince de Condé et duc d'Anguien, prince Henry de Rohan, duchesse de Chevreuse, Cinq-Mars, de Thou, duc de la Valette, comte d'Estrades, duc de Saint-Simon, de Liancourt, Bernard de Saxe-Weymar, d'Erlach, Banier, Torstenson, les deux Mercy[1], les magistrats de Strasbourg, M. de l'Isle, madame la « lantgraff » de Hesse, M. de Beauregard, M. de Tracy, M. d'Oysonville et d'une foule de personnages secondaires ou obscurs, qui parfois ne sont pas les moins intéressants à connaître[2] ; — 3° des

---

[1] L'aîné, général-major ou sergent de bataille, fait prisonnier à la bataille de Kempen, avec Lamboy et le comte de Laudron. — Le jeune, général-maréchal des camps de l'armée de Bavière, auquel Guebriant eut l'occasion d'écrire des lettres assez roides que nous publierons.

[2] La lettre suivante qu'un capitaine hollandais, chargé de défendre Duren, avec quelques compagnies que le prince d'Orange avait mises au service de Guebriant, écrivit au maréchal, mérite bien d'être tirée de l'oubli ; et nous serions bien désolé de lui enlever le charme et la grâce de ses incorrections exotiques :

« Monseigneur, Je ay reçeus le Lettre de Vostre Excel-
» lence du 7 juin et communiqué avec toutes les capitaines
» de ceste guernisoen, qui sont touts resoluts, pour main-
» tenir la place, jusques à toute extrémité ainsy comme
» Vostr' Excell : le désire, et leur devoir les oblige moyen-
» nant que la guarnison soit pourveu de cela, que soit né :

lettres intimes du maréchal et de la maréchale de Guebriant à Rotrou ; des lettres de Rotrou au maréchal ; des copies des lettres du maréchal aux ministres et à d'autres personnages. Il est bien évident que Rotrou n'a pas pu recueillir les originaux de cette dernière catégorie de lettres. Il en a conservé toutefois les copies ou les minutes. Telle est, pour n'en citer qu'un seul exemple, la belle lettre autographe de Guebriant à De

---

» cessaire, pour sustenir un siege. Au reste nous ferons » nostre devoir comme soldats d'honneur, sur quels Vostre » Ex : se en pourra fier. Je envoye avec cecy le Rittmaistre » Jean van der Burch, cependant je demeure, comme je » suis, jusques à la mort, de Vostre Excellence le plus » humble et obéissant serviteur.

» Tout ce que je escrive icy est la resolution de tous les » capitaines, sur quoy Vostre Excellence se en pourra » fier. — Duren, le 9 juin 1642. »

La signature du capitaine était pour nous absolument indéchiffrable, et nous essayions d'y lire, avec toute la bonne volonté possible le nom de *Borchorst* que cite Le Laboureur, page 492 : ce *Borchorst,* lieutenant colonel, avait été, nous dit Le Laboureur, envoyé le 29 mai 1642 en garnison à Duren avec 13 compagnies. C'est bien lui en effet qui a signé la lettre que nous venons de transcrire : seulement au lieu de *Borchorst*, il faut lire, d'après la signature même dont nous avons adressé le fac-simile à M. Campbell, directeur de la Bibliothèque Royale de la Haye : *Frans van Bronckhorst*. C'était, nous dit l'obligeant bibliothécaire de la Haye, un gentilhomme de famille noble de la Gueldre, qui fut nommé en 1641 lieutenant colonel au régiment du baron Van Gent, et dont la famille occupe encore aujourd'hui de hauts emplois à la cour de Hollande. — Encore que le siège de Duren n'ait pas eu l'issue que faisait attendre la lettre que nous venons de citer, Frans van Bronckhorst n'en était pas moins, nous en sommes convaincu, un fort brave homme.

Noyers, que possède la Bibliothèque Nationale (fonds français, volume 3833, folio 222). Elle fut écrite au camp de Sarsted, le 23 septembre 1641 : le maréchal y expose en termes éloquents et navrants sa détresse : elle est d'ailleurs transcrite dans Le Laboureur, à la page 403 ; mais bien d'autres originaux, dont Rotrou a pris copie, échappent jusqu'ici à nos recherches ; — 4° d'un certain nombre de documents officiels, tels que le traité de Brisach, revêtu de la signature des trois commissaires français et des onze délégués allemands et suédois [1] ; de plusieurs états de troupes, dressés par les intendants ; de projets divers d'expéditions et de campagnes ; de rap-

[1] A la suite de la convention officielle et des articles secrets, se trouve, dans les papiers de Rotrou, un état très curieux des appointements des grands, petits officiers, et soldats des régiments weymariens, depuis le colonel jusqu'à l'auditeur ou juge du régiment, le ministre ou pasteur, les chapelains ou diacres, le prévost, l'escrivain de justice, le chirurgien et ses compagnons, le geollier ou stock maistre, l'exécuteur, avec l'indication du nombre de chevaux et de chariots pour chaque compagnie, du nombre de passe-volans et de goujats ou « *munstarjunguin* », mot correspondant sans doute à l'allemand *munster*, montre, revue, et *junge*, jeune garçon, valet passant la revue, passe-volant. Le compte est fait en risdales, avec cette mention qu'une pistole d'Espagne vaudra 4 risdales, sauf au-delà du Rhin, où la pistole sera comptée pour 3 risdales et un tiers, etc. Le rôle de l'artillerie mentionne ensuite une catégorie d'employés des plus variée : canonniers, gardiens de la poudre, pionniers, mineurs, pétardiers, faiseurs de feux d'artifice, charrons, charpentiers, serruriers, relieurs et selliers, etc.

ports très circonstanciés sur différents combats livrés par l'armée française [1] ; de chiffres, accompagnés de leurs clefs, pour la correspondance secrète, etc.

Une grande partie de ces pièces est déjà connue, grâce à la publication qu'en a faite, dans son histoire, Jean le Laboureur. Nous nous garderons bien d'en surcharger notre livre. Nous mentionnerons simplement leur existence, dans l'ordre chronologique. D'autres, en fort petit nombre, se retrouvent à la Bibliothèque Nationale, du Dépôt de la Guerre, etc. ; nous indiquerons ces duplicata, minutes ou copies, partout où nous

[1] Un des plus intéressants est le combat dit *du comte de Broé* (ou, comme écrit de Roqueservière, *de Brouay*), livré le 24 août 1641. Ce combat, où périt un des colonels weymariens, le comte de Nassau, est très brièvement raconté par Le Laboureur, p. 384, et par Guebriant lui-même dans une lettre à De Noyers (Le Laboureur, p. 386) ; nous avons dans les papiers de Rotrou deux relations très circonstanciées, l'une de l'écriture de Guebriant, ou d'une écriture qui ressemble à la sienne à s'y méprendre ; l'autre du brave de Roqueservière, sergent de bataille de l'armée du maréchal, et dont Le Laboureur, en maintes circonstances, a mis les souvenirs et les notes à contribution. Roqueservière est un de ceux qui ont fourni le plus de documents à nos archives : quel brave cœur, et quel plaisir on trouve à passer quelques moments en sa compagnie ! A Rottweil, nous disent les Mélanges manuscrits de Clairembault (t. 389, folio 1455), il reçut « estant dans les tranchées un coup de mousquet sur le dos » ; il sera tué quelque temps après, à la bataille de Fribourg. La minute de son brevet de sergent de bataille (Saint-Germain-en-Laye, 13 juillet 1638) se trouve au Dépôt de la Guerre, volume 49, folio 148.

aurons pu les constater, en faisant remarquer toutefois que, dans la plupart des cas, nous avons les originaux entre les mains[1].

[1] Soit l'original lui-même, soit la minute qui souvent devenait l'original. Telles sont notamment les lettres de De Noyers au maréchal de Guebriant. Dans les 56 volumes du Dépôt de la Guerre (1636-1643), nous n'avons retrouvé de ce ministre que des notes insignifiantes. — En ce qui concerne les originaux, voici un exemple facile à comprendre : le 8 septembre 1643, le roi écrit à Guebriant une lettre commençant par ces mots : « Mon cousin, vous aurez » avec cette despeche l'effect du puissant secours que je » vous ay faict esperer par mes precedentes mon cousin » le duc d'Anguyen s'advencant sur le Rhin, etc. » — A la » même date, Anne d'Autriche écrit à Guebriant : « Mon » cousin, encore que le voiage du s[r] de Tracy et le subiect » qui vous a obligé à le despecher vers moy m'ayent donné » quelque peine voyant l'armée du roy monsieur mon filz » que vous commandez arrestée sur les bords du Rhin, au » lieu de pousser les armées au delà comme je l'avois » esperé, etc. » Le Laboureur ne cite pas ces deux lettres, dont il a pu voir cependant les originaux dans les papiers de Pierre de Rotrou. Mais elles existent à la Bibliothèque nationale, fonds français, volume 4168, folio 122, à l'état de copies seulement, le volume étant écrit de la même main, et composé de toutes les « Despeches importantes du département de monseigneur Le Tellier ». Les minutes de ces deux pièces sont au Dépôt de Guerre, volume 75, folios 317 et 329. Les volumes de ce Dépôt les plus riches en documents, pour tout ce qui concerne notre sujet, sont ceux qui portent les n°s 56, 75 et 76. Le volume 77 du Dépôt de la Guerre est le 29e de la collection des Dépêches de Le Tellier dont les 28 premiers tomes se trouvent à la Bibliothèque Nationale. Le volume 56 possède le diplôme sur parchemin donnant à Guebriant le pouvoir de traiter à Brisach, avec le S[r] d'Erlak (26 avril 1639). C'est encore une minute.

II

C'est la figure et le caractère, ce sont les belles actions, les dures épreuves et les glorieux travaux du vainqueur de Brisach et de Kempen, qui font le principal intérêt de ces archives. La figure de Guebriant vient d'être mise tout récemment en relief par des publicistes éminents, MM. de Parieu, Chéruel et le duc d'Aumale[1]. Il nous a semblé que les papiers recueillis par le secrétaire du maréchal, ajoutaient encore quelques traits au tableau, précisaient certains faits restés dans l'ombre, en rectifiaient même quelques autres. Ainsi dans son brillant chapitre sur le secours d'Allemagne (*Revue des Deux-Mondes* du 15 mai 1883, p. 252), M. le duc d'Aumale nous dit que le maréchal de Guebriant vécut sept années (1637-

[1] M. de Parieu, dans trois articles sur Bernard de Saxe-Weymar, parus dans la *Revue de France*, en janvier, février et avril 1876. L'auteur a fait de fréquents emprunts aux sources allemandes, Rœse, Barthold, etc.; M. Chéruel, dans le tome I de son *Histoire de la minorité de Louis XIV*, p. 246 et passim; M. le duc d'Aumale, dans son *Histoire des Princes de la Maison de Condé*. Le 3e volume est attendu: quelques chapitres seulement relatifs à Guebriant, ont paru dans la *Revue des Deux-Mondes* du 15 mai 1883.

1643) sans revoir la France ni sa famille[1]. L'épreuve, à vrai dire, ne fut pas si longue, car la maréchale de Guebriant avait fait, en mai 1639, auprès de son mari, un premier voyage qui a échappé à la sagacité du prince historien. Ce voyage de la maréchale est indiqué par les deux pièces suivantes, que nous extrayons des papiers de Rotrou :

1° Lettre de Ratabon, secrétaire de De Noyers, à Rotrou, en date du 1er avril 1639 :

Monsieur, si monseigneur de Noyers n'eust desiré de parler a monseigneur le Cardinal du

---

1 « Dieu n'ayant pas donné d'enfants » au maréchal (dernières paroles de Guebriant mourant), sa famille se composait : de son beau-frère, le marquis du Bec (voir la note 2 de la page 8) ; des quatre enfants (deux fils et deux filles) de son frère aîné, Yves de Budes, mort en 1631. Ce sont ces deux neveux qu'il fait recommander à sa femme pour qu'elle en fasse, après lui, des gens d'honneur (Le Laboureur, p. 706). Les papiers de Rotrou renferment plusieurs documents qui montrent que le maréchal de Guebriant administrait la fortune de ces mineurs ; et à la date du 20 septembre 1643 une lettre emphatique du P. Rolin de la Compagnie de Jésus remercie le maréchal de lui « commettre la conduite et l'instruction de » MM. ses nepveux ». Le P. Rolin rappelle à ce propos un mot du feu roy disant « qu'il ne connaissait pas d'homme » dans son royaulme plus capable que lui de gouverner » son fils, nostre petit roy dapresent qui promet des merveilles ». On sait qu'il fut un instant question de faire de Guebriant le gouverneur du Dauphin (voir page 47 de cette *Introduction*). Des deux nièces du maréchal, l'une, Anne de Guebriant, accompagnera la maréchale dans son voyage en Pologne où nous allons la retrouver un peu plus loin.

voyage de Verdun sur Saosne, je naurois pas tant tardé a vous en mander son sentiment, mais puis qu'un jour de plus ou de moins navance ny ne recule pas de beaucoup ce dessein je croy que madame sera bien aise que son eminence en ayt esté advertie, Monseigneur de Noyers me dict, hier au soir quon trouvoit bon ce voiage sans me parler d'aucune autre chose, Je croy que Madame le verra avant que partir et par ce moien jauray l'honneur de luy dire adieu, et au cher amy de Rotrou de qui je suis tres humble serviteur — Ratabon — Ruel ce premier avril 1639.

2° Lettre collective[1] du comte et de la comtesse de Guebriant, à Rotrou, écrite à Baulmes et datée du 4 juin 1639 :

Rotrou, sy Monsieur de Noyiers est à Abbeville, y fault que vous luy allies porter ma lettre

---

[1] Ces lettres collectives où l'un des conjoints continue et confirme la pensée de l'autre, et qui marquent leur touchant accord sont très fréquentes. A chaque instant Guebriant et sa femme se passent la plume, et en excellent mari qu'il est, Guebriant écrit pour la comtesse, quand celle-ci a quelque empêchement :

« Ma famme est aujourdhuy en ses devotions quy l'empesche de vous escrire. Par la premiere voye elle escrira à Madame la Princesse Marye, cependant faictes luy son compliment et luy dites que vous estes en peine d'un paquet que l'on vous mande avoir esté envoyé par la Suisse et dans le quel il y a des lettres pour elle. A Brisak, le 14e mai 1643. » (Lettre à Rotrou.)

La Princesse Marie, dont il est question dans cette lettre, sera conduite plus tard à son royal époux, en Pologne, par la maréchale de Guebriant accompagnée de Pierre de Rotrou (voir plus loin page 57 de cette *Introduction*).

et lui dire tout ce que Je vous ay mandé et presses sur tout que l'on nous apporte la montre et de l'argent pour le pain de munition. Les commis nont qu'a venir à Chaalons et me donner advis de leur arrivée et je leur envoyray escorte pour les conduire jusques a moy en seureté hastes leur partement aultant que vous pourrez — à Baulmes le 4e Juin 1639.

Après quoi, et sur la même page, la comtesse écrit ces lignes :

Si vous navez pas déjà veu Mr Denoyers sur se que monsieur vous écrit et sur tout le reste de nos affaires, fayte lay prontement afain destre aparis de retour a mon arrivée et venir audevant de moy ou je vous manderay en partant disy car je ne say pas encore quel chemin je prenderay, de celui par le quel je suis venue ou seluy de troye mes bien que je partirai fort tot au matin.... etc., etc.

Ce voyage est également passé sous silence par Le Laboureur (p. 604 et 605 de son *Histoire*).

Un peu plus loin, M. le duc d'Aumale nous apprend (*Revue des Deux-Mondes,* p. 262) que le duc d'Anguien, conduisant les renforts que Guebriant attendait si impatiemment, partit de Paris le 4 octobre 1643 et arriva le 6 à Bar. Je parierais volontiers que le duc d'Anguien partit de Paris non pas le 4, mais le 2 octobre, et arriva non pas le 6, mais le 4 à Bar. Voici en effet les lettres que nous trouvons dans les papiers de Rotrou :

1° M. de Tracy[1] à Guebriant : de Paris, le 2 octobre :

Monseigneur, une fievre continue qui ma pris en montant a cheval m'a empesché de faire le voyage avec la dilligence que j'espérois. Jay este seigne ce matin des deux bras et je dois estre encore ce soir des deux pieds. Je ne laisseray pourtant de partir demain matin et m'en iray en carosse ou en brancar comme je pourray.

Ce qui suit est en chiffres[2] : Mgr le Duc est parti

---

[1] Un des esprits les plus vifs et les plus originaux que nous font connaître les papiers de Rotrou (cf. quelques-unes de ses lettres, pp. 82 et suivantes de cette *Introduction*). Commissaire général de l'armée de Guebriant, et colonel de cavalerie, administrant en se battant, se battant en administrant, souvent mécontent, très énergique en paroles et aussi la plume à la main, M. de Tracy, en 1665, âgé de 70 ans, partit pour le Canada. Il eut encore le temps de revenir en France. (Voir plus loin, page 85.)

[2] Ordinairement un secrétaire chiffrait la minute au départ ; un secrétaire la déchiffrait à l'arrivée. La traduction était alors écrite au-dessus des lignes chiffrées. C'est ce qui est arrivé pour le cas présent. On trouvera de même, à la Bibliothèque nationale un grand nombre de chiffres avec leurs clefs, et de lettres avec leurs déchiffrements, notamment : fonds français, volume 3837, fol. 6 ; 3857, folios 2 et 4 ; 3980, folios 10, 53 ; 4140, folios 163 et suivants ; Mélanges manuscrits de Clairembault, t. 386, folio 9119, lettre chiffrée et déchiffrée, de Beauregard ; t. 389, folio 1108, lettre chiffrée et déchiffrée, de Chavigny, tous deux correspondants assidus de Guebriant ; et sans aller si loin, le fac-simile d'un alphabet avec chiffres, à la page 468 de la Publication sur le *Musée des Archives nationales*, faite par la librairie Plon. Du reste le système est le même partout, il ne varie que par l'application : des chiffres ou des lettres différentes pour chaque

ce matin et va joindre son armée. Il avancera jusques à Keserllouter[1] pour donner jalousie aux ennemis de l'attaque des places de Spire, Mayence et Worms..., etc.

Le Laboureur a dû voir cette lettre, car il dit, p. 668, que M. de Tracy donna avis de son dé-

---

lettre de l'alphabet, avec des signes étranges comme variantes, croix, flèches, petits losanges et rectangles traversés ou surmontés de barres ; des nombres de deux ou trois chiffres, pour exprimer certaines syllabes ou certains noms propres et communs. Ainsi dans la lettre de M. de Tracy qui nous occupe en ce moment, *Monseigneur le Duc* est exprimé par la série : 120ſ97Nπ. 49 66., suivie d'une flèche horizontale — *Ransau* s'écrit : 203κλφz. — Le nombre 130 veut dire *M. d'Oysonville*, et 49,140 signifie *du pain*. *Le Rhin* se traduit par le signe 26tt. L'adjectif *gé-né-ra-l* est représenté par les groupes 59. 227. 103. 25. Mais il y a des variantes : *Ransau* se trouve également écrit : 203ſψφz, et *le duc* : 49 66 p, ou 49 66 d. Dans un chiffre envoyé à M. de Tracy le 20 août 1641, Rotrou indique des conventions comme celles-ci : Le Roy = 90 — Le Cardinal = 95 — 2 régiments = 208 — mille chevaux = 211 — adieu = 215 — aujourd'hui = 235. Ailleurs se trouve un petit tableau de nombres nuls « et quy ne servent qu'à embarasser celluy « quy intercepte et quy veut deschiffrer ». On sait qu'un des secrétaires du cardinal de Richelieu, Rossignol, excellait dans le déchiffrement des dépêches interceptées. Le Laboureur cite plusieurs lettres (pp. 467 et 564) dont les parties chiffrées n'ont pas été déchiffrées. Ces mêmes documents existent dans les papiers de Rotrou également dépourvus de leur traduction, ce qui prouve bien que Le Laboureur en a dû à Rotrou la communication. En nous aidant des clefs que nous donnent ces mêmes papiers, nous pourrons proposer l'interprétation de certains passages.

[1] Kaiserslautern. L'espèce de diagramme qui, dans la dépêche chiffrée, traduit ce nom propre est des plus compliqués : E barré, 997, un petit parallélogramme barré, h47, un losange surmonté d'une hampe et le nombre 92 pour finir le mot.

part au maréchal de Guebriant par lettre de Paris, du 2 octobre, veille de son retour auprès de lui.

2° M. de Choisy [1] à Guebriant ; de Bar-le-Duc, le 4 octobre :

« M. le Duc a couché cette nuit à Châlons, et
» ce soir nous l'attendons pour prendre les dernières
» résolutions dont je ne manqueray pas de vous
» informer..... »

Voilà donc qui nous semble nettement établi : le duc d'Anguien partit de Paris le 2 octobre, coucha le 3 à Châlons, et arriva le 4 à Bar-le-Duc. Cela résulte encore d'une lettre de Rotrou et de deux lettres de Rantzau [2] que nous avons sous les yeux. Rantzau, lui, était parti de Paris le « dernier jour de septembre » 1643, et le 4 octobre il était à Bar.

La lettre autographe qu'il écrivit le 4 octobre, de Bar, à Guebriant, commence ainsi :

Monseigneur, je suis extremement marri que

---

[1] Personnage important de l'époque, conseiller du Roi en son Conseil d'Etat et intendant de son armée, qui avait été envoyé en 1639, auprès de Guebriant, avec le baron d'Oisonville, neveu de De Noyers, pour l'assister dans les négociations engagées avec les colonels weymariens.

[2] On a vu, à la page précédente, ce nom écrit *Ransau*, d'après les documents de l'époque. On trouve en effet presque toujours *Ransau* ou *Ramsau*. Sa signature très lisible est *Ransau*.

monsieur de Tracy est empeché par son indisposition de vous dire de bouche les résolutions prises par deça et la qualité des secours qu'on vous prepare. J'espere toutefois qu'il vous le mande par ses lettres le pouvant faire plus librement puisqu'il a un chiffre avec vous...

La lettre de Rotrou serait tout aussi concluante que celles de M. de Tracy et de M. de Choisy.... si elle était datée. Il est évident, d'après ce qui précède, qu'elle fut écrite le 3 octobre ; elle ne porte pas de suscription : elle a été fermée, scellée, suivant la coutume, de fils de soie et de cachets noirs aux armes du secrétaire de Guebriant, et remise telle quelle à un courrier ; en voici les principaux passages :

Monseigneur, monsieur de Tracy devoit partir des avant hier pour s'en retourner auprès de V. Exc. mais s'estant trouvé fort indispozé il se résolut hier de vous despecher un courrier pour vous donner tousjours advis des dernieres et finalles resolutions quy ont enfin esté prises pour les affaires d'Allemagne, et qui ne different pas beaucoup (Monseigneur) de celles quy vous furent portéés par le courrier de monsieur le Tellier puisque monsieur le duc d'Anguien s'est resolu de marcher hier aveque toutes les trouppes destinééś pour renforcer vostre arméé et qu'il partit hier en poste pour cet effet. Monsieur le comte de Ransau prit les devants des il y a quatre jours pour commencer tousjours à les assembler, et leur rendés vous général devoit estre à [ici les quatre lettres *Thio* qui ont été rayées ; Rotrou voulait écrire Thionville] Luneville ; quatre compagnies des gardes francoises et quatre des suisses, avec les regiment des gardes ecossoises, de la Royne, et de M. le Cardinal Mazarin doivent estre de la partye, et tout le monde tesmoigne estre sy bien intentionné pour lexecution du desseing que l'on espere (avec laide de dieu) qu'il n'advortera pas comme les autres.

Il termine sa lettre par cette espèce de post-scriptum :

J'arrive presentement de l'hostel de Soissons ou je croiois encor trouver M. de Tracy, mais jy ai appris qu'il estoit party ce matin pour s'en retourner auprès de vous, s'estant trouvé mieux dispozé qu'il nestoit pas hier soir.

Ce sont là, il faut l'avouer, de petits détails; mais s'ils ne donnent pas à la discussion qui précède une grande importance, ils montrent du moins la valeur de nos textes[1]. Voici un autre

[1] Nous pourrons peut-être, grâce à eux, lire dans une lettre de Chapelain à M. de Montausier, en date du 30 juillet 1638, un mot que M. Tamizey de Larroque a renoncé à expliquer : « Monsieur, vous m'avez donné la vie » par les nouvelles que vous m'avez mandées les dernières » du succès de *Dubatel* contre l'armée de Gœtz ». M. T. de L. était d'abord tenté de reconnaître dans ce mot une altération des mots : *la bataille*. Nous avons rencontré souvent cette même forme dans les papiers de Rotrou. C'est, à n'en pas douter, une altération du nom de *Taubadel* ou *Taupatel*, général dans l'armée weymarienne, qui précisément en 1638, remporta des succès marqués autour de Brisach, que le général ennemi Gœtz voulait ravitailler. Le Dépôt de la Guerre (volume 68, folio 541) possède le brouillon d'une lettre de félicitations adressée par le Roi à ce *Taupadel* (15 mars 1642), à l'occasion de sa belle conduite, signalée par Guebriant, à la bataille de Kempen). Le nom de Taupadel est cité plus haut, note de la page 9.

exemple qui pourrait offrir un plus grand intérêt.

On sait avec quel soin, quelle exactitude et quelle abondance de matériaux et de documents originaux, Le Laboureur a composé son histoire du maréchal de Guebriant[1]. Mais malgré son excellente méthode, malgré l'étendue de ses recherches, le consciencieux biographe n'a pas tout vu ; quelquefois même il a méconnu ou faussé l'esprit des textes. Parmi les discours qu'il compose ou reconstitue, discours véritablement dignes du *Conciones,* et auxquels nous ne connaissons d'égales, en ce siècle, que les harangues d'Agrippa d'Aubigné, de Mézeray, ou encore l'admirable discours du prince de Rohan, à Cassiano[2], il y en avait un qui nous avait paru jusqu'ici un modèle du genre : c'est le discours que tient à Bernard de Saxe-Weymar le comte de Guebriant, pour obtenir que le duc

[1] Voir plus loin, page 92 de cette *Introduction.* — C'est ce qu'il appelle la méthode des « Pièces justificatives » (p. 257). Plus loin, transcrivant une lettre de Guebriant, il dit d'une façon très expressive : « C'est un mort que » je resuscite, pour luy faire dicter des commentaires », (p. 382).

[2] Cité dans la notice, en tête de ses Mémoires, p. 490 du volume de la collection Michaud. — Parmi les belles harangues composées ou reconstituées par Le Laboureur, citons encore les discours de Guebriant aux colonels weymariens, pp. 217, 220, 244, 314 ; son exhortation aux troupes, avant la bataille de Kempen, p. 449 ; ses adieux, à son lit de mort, au marquis du Bec, son beau-frère, p. 705, etc.

se dessaisisse de Brisach et remette la place aux mains du roi de France. Cherchez ailleurs, dit Guebriant, un autre établissement : « Je me » rens caution de la part du roy qu'il ne trou- » vera pas mauvais, et que plutost il jugera » ses armes glorieusement employées, si vous » faites dessein de quelque conqueste pour vous » sur tout autre terre de ses ennemis, comme » pourroit estre la Franche-Comté. Ce me sera » beaucoup d'honneur d'y servir vostre Al- » tesse... » Ainsi Guebriant offre, au nom du Roi, au duc de Weymar, la Franche-Comté à saisir comme une proie, la Franche-Comté qui devait être quelques années plus tard la conquête glorieuse et l'acquisition nécessaire faite au nom de la France, par le fils de Louis XIII. Quelle hérésie ! Est-ce la rhétorique qui a induit l'historien en erreur ? Guebriant aurait-il méconnu ses instructions ? Les voici telles que nous les trouvons dans les papiers de Rotrou, en date du 28 avril 1639 :

Et afin de regler une fois comme il devra estre des conquestes qui se pourront faire cy après, le d^{t} s^{r} de Guebrian conviendra avec le d^{t} sieur duc que les villes et places qui pourront estre prises à l'advenir tant dans la Franche-Comté que dans l'Allemagne et ailleurs seront par luy mises ou par son ordre ès mains de qui il plaira a sa Ma^{te} d'ordonner, si ainsy elle le trouve bon, de quoy il luy sera pareillement signé un article, et le signera avec luy.

La Franche-Comté est donc absolument réservée. En engageant le duc de Weymar à la prendre pour lui-même, Guebriant s'exposait à être désavoué ; j'aime mieux croire que c'est son biographe qui s'est trompé. Voilà un beau discours à retrancher du *Conciones ;* ne le regrettons pas puisqu'il était contraire à la vérité.

III

Nous ne pouvons pas nous étendre davantage sur ce sujet ; et cependant nous voudrions signaler encore quelques épisodes sur lesquels les papiers de Rotrou nous semblent jeter quelque lumière : les intrigues de Banier, en 1641, et les difficultés de sa jonction avec Guebriant ; les affaires de la Valteline, en 1637, et le siège de Guise, en 1636. Certaines lettres du prince de Rohan, et plusieurs autres pièces, comme l'instruction donnée au sieur d'Estampes [1], éclairent ces négociations si épineuses de l'affaire des Grisons, dans lesquelles le comte de Guebriant

[1] Le Laboureur, p. 24, dit qu'un duplicata de cette instruction fut remis au comte de Guebriant. C'est ce duplicata que nous avons retrouvé dans les papiers de Rotrou

montra à la fois tant de tact et de fermeté. Quant au siège de Guise, il mérite d'être mieux connu; les papiers de Rotrou ne contiennent pas à ce sujet moins de cinquante-six pièces encore inédites. L'instant était solennel; se rappelle-t-on, dans les Mémoires de Richelieu, de Fontenay-Mareuil, ou au début des Mémoires de Saint-Simon, la panique qui s'empara de Paris et de la France, à la nouvelle de l'invasion espagnole? Les villes tombaient successivement au pouvoir de l'ennemi; les gouverneurs perdaient la tête et capitulaient. La ville de Guise tint bon. C'est que, dès le 4 juillet, le cardinal de Richelieu avait écrit au duc de Chaulnes de mettre dans la place des gens qui eussent « cœur et teste ». Et il ajoutait : « Le » sieur de Guebriant ne sçauroit estre mieux » employé que dans Guise. Le gouverneur » estant incommodé comme il est, n'y trouvera » rien à redire [1]. » Nous savons par les papiers de Rotrou le nom de ce gouverneur; en effet, le 9 juillet 1636, le duc de Chaulnes écrivait au comte de Guebriant :

Monsieur, jay prié Mr le Commandeur de Saint-Simon de vous informer du subget de cette diversité qui sest rancontrée dans la comission du roy et dans ma lettre, nonobstant cela j'escris au sieur de

[1] Tome V, p. 978, des Lettres publiées par M. Avenel.

l'eschele de vous recognetre dans le chasteau ainsi que dans la vile et se contanter dans les infirmitez qui l'empechent d'agir de demeurer le second dans la place. Je vous prie de vouloir le considerer comme une personne fort affectionée au service du roy et qui a l'honneur en recommandation, Or, comme vostre authorité luy peuct estre dans ce premier comancement un peu rude vous saurez mesnager douceman cet esprit, m'assurant qu'il s'accomodera à toutes choses.

Ausurplus j'avois ordonné ces jours passés quelques tones de bière pour la garnison de Guise pour luy doner courage de bien travailler, mais comme elle va estre grandement augmantée je ne pance pas que les habitants puissent suporter ces charges ny depance, que s'ils ont a doner quelque chôze, il faut que se soit volontereman ou si les vilages peuvent contribuer.

Mais au début, la situation paraissait si désespérée que le duc de Chaulnes, ne sachant si le comte de Guebriant accepterait ce poste, lui envoyait une commission avec faculté de la remplir lui-même de son nom. (Lettres du 6 et du 7 juillet 1636. Papiers de Rotrou.)

Chose assez curieuse, Richelieu, dans ses Mémoires, attribue l'honneur de la résistance au comte de Quincé, qui s'était jeté dans la place avec quelques volontaires. Les félicitations cependant et les récompenses ne manquèrent pas à Guebriant ; Fontenay-Mareuil, lui, dit avec une énergique simplicité : « M. de Guebriant se fit dès lors remarquer tel qu'il estoit. »

C'est au cours de cette affaire que le cardinal

de Richelieu écrivit au commandant de Guise une lettre mystérieuse que nous n'avons pas trouvée dans le Recueil des Lettres, publié par M. Avenel. L'original que nous avons sous les yeux paraît être ou de la main du Cardinal lui-même, ou de celle de Charpentier, qui imitait si bien son écriture :

Monsieur, les deux gentilshommes que vous m'aves envoié mont parle ie suis demeuré fort satisfait d'eux, a leur arrivee nous avons pris un homme qui apparemment ne pouvoit avoir bon dessein il peut avoir des complices caches. ienvoie pour en avoir cognoissance un homme que vous feres conduire seurement tant en allant qu'en venant. assurez vous sil vous plaist de mon affection et de mon service dont ie vous rendrai des preuves en toutes occasions comme estant, monsieur, votre tres affectionné avous rendre service. Le Card. De Richelieu — De Paris, ce 12e aoust 1636.

Si nous rapprochons de ce texte une instruction du cardinal de Richelieu à Saint-Martin, que M. Avenel a publiée en date, approximativement, du 10 août (Tome V, p. 536), et qui débute en ces termes :

Il faut que Saint-Martin aille avec le sr de la Roque Bouillac et le C. du Prat natif du pays de L. droit à Guise. Là il donnera une lettre à M. de Guébriand...

la lettre que Saint-Martin doit remettre à Guebriant, de la part du cardinal de Richelieu, pourrait bien être la lettre du 12 août que nous venons de transcrire.

Il y a du reste en cette affaire quelques autres obscurités à pénétrer. Saint-Martin, nous dit M. Avenel, est un nom de convention. Je n'en suis pas si sûr que cela. En tout cas, les papiers de Rotrou nous offrent un passe-port délivré le 12 août « pour le sieur de Saint-Martin et deux autres personnes allant à Guize », et au-dessous des signatures de Louis et de Sublet se trouve cette addition : « Il y a un quatriesme ». Puis, le 27, De Noyers inquiet demande à Guebriant des nouvelles de Saint-Martin et de ses compagnons que l'on croyait égarés.

Un peu plus tard, autre mystère, De Noyers écrit d'Amiens à Guebriant :

Il ne se fault pas lasser de courtiser votre voisine et tascher d'en gaigner les bones graces, d'estimer que c'est un' entreprise qui peult réussir avec le temps et la patience, et l'affaire vault bien la peine et mérite l'exercisse de votre constance...

Le 22 octobre, après avoir parlé « d'inven- » tions et de machines, d'ordinaire plausibles » sur le papier, mais de néant dans la pra- » tique », le ministre revient sur le sujet précédent et dit :

Depuis M. de Recours a encore faict ouverture d'un traicté avec celui que vous scaves qui est bien puissant près de la dame à laquelle vous faictes l'amour... (Papiers de Rotrou.)

La dame dont parle ici de Noyers est-elle un signe de convention, comme le chien couchant et les deux coureurs désignés par Richelieu, dans son Instruction à Saint-Martin? S'agit-il ici, à mots couverts, de quelque ville à prendre [1] comme celle que le comte de Frezin s'était engagé à nous livrer (Avenel, lettres de Richelieu, tome V, p. 536, et note de la page)? Guebriant pouvait-il s'assurer réellement la complicité d'une femme employée à cette affaire? En ce cas-là, il aurait donné ce jour-là à la comtesse sa femme une leçon d'intrigue que celle-ci plus tard sut mettre à profit (voir page 75 de cette *Introduction*)..... Mais c'est nous arrêter trop longtemps aux bagatelles de la porte; disons maintenant ce que nous savons sur la vie et la personne de Pierre de Rotrou, premier possesseur des papiers qui nous occupent.

---

[1] Un brouillon très raturé, mais de la main de De Noyers (Dépôt de la Guerre, volume 41, folio 191), où il est parlé d'ôtages qui devront être logés à Guise, dans la maison de Guebriant; et une autre note de De Noyers au Cardinal (folio 192) nous permettent de conclure que la *dame à courtiser* signifie *la Capelle*, située à quelque distance de Guise. C'est cette place même que le beau-frère de Guebriant, le marquis du Bec, avait si mal défendue.

IV

C'est en l'année 1638 que nous découvrons pour la première fois, dans cette collection, le nom de Rotrou :

> Messieurs qui gardez les passages sur les chemins Dabbeville a Paris ne faictes difficulté de laisser passer seurement et librement le s. de Rotrou qui sy en retourne. faict à Abbeville le 17 aoust 1638. — De Noyers.

Ce billet est écrit de la main de Ratabon, secrétaire de De Noyers. En 1638, l'armée française faisait campagne en Picardie, et la Cour s'était transportée sur le théâtre des opérations. Le Roi seulement était parti d'Abbeville le 16 août pour assister aux couches de la Reine : le cardinal de Richelieu et De Noyers étaient restés sur les lieux. Pendant ce temps, le comte de Guebriant, maréchal de camp depuis l'année précédente, avait opéré sa jonction avec Bernard de Saxe-Weymar. Nul doute que Pierre de Rotrou ne fût déjà employé à son service, et chargé par lui de missions importantes auprès des ministres.

Né à Dreux le 21 juin 1615, plus jeune de six années que son frère, Pierre de Rotrou avait vingt-trois ans en 1638. Nous pensons qu'il dut être attaché au plus tard en 1636, — l'année même où le poète donnait au théâtre un de ses chefs-d'œuvre comiques, *les Sosies,* — à la personne du comte de Guebriant, lequel, marié depuis 1632, avait un grand état de maison, des affaires et des intérêts de toute nature à surveiller. Peut-être Pierre de Rotrou lui fut-il recommandé directement par son frère, ou, à la sollicitation de ce dernier, par quelque grand seigneur de la cour. Voici, en effet, ce que l'on peut induire, en pressant bien les textes, et en interrogeant les Epîtres dédicatoires, qui au premier abord ont l'air si peu instructives et si banales.

Les premiers chefs militaires du comte de Guebriant furent, à partir de 1636 : dans la campagne de Picardie, le comte de Soissons, et dans la campagne du Bassigny et de l'Alsace, le duc de Longueville, beau-frère du comte de Soissons. Or les comtes de Soissons étaient en même temps comtes de Dreux, et cette famille entretenait de fréquents rapports avec les Rotrou, qui exerçaient, presque de père en fils, les fonctions de maire et de lieutenant dans la cité. Charles de Bourbon, comte de Soissons, avait épousé Anne de Montafié ou de Montafief, qui figure comme marraine dans les actes de baptême de la ville de Dreux[1]. C'est à cette comtesse de Soissons, devenue veuve, que le poète Rotrou dédia, — vers 1634, — *les Occasions perdues*. Leur fils, « hault et puissant et illustrissime prince Mgr Loys de Bourbon, pair et grand-maître de France et gouverneur en Dauphiné[2] », commandant supérieur de l'armée de Picardie en 1636, eut à envoyer au comte de Guebriant, à Guise, de nombreux ordres de service, que nous publierons ; jusqu'au moment où sa fuite mystérieuse de Paris l'ayant rendu suspect, le Roi et le ministre ordonnèrent au gouverneur de Guise de lui fermer les portes et de doubler la garde (Papiers de Rotrou). Ce prince infidèle sera tué un peu plus tard, d'un coup de pistolet, au combat de la Marfée. Il était influent et puissant en 1628, lorsque Rotrou lui dédia son premier ouvrage, l'*Hypocondriaque*, ouvrage composé d'après ses indications, et représenté à l'hôtel de Soissons. En même temps Rotrou écrivait pour son protecteur quantité de petits ouvrages poétiques que celui-ci distribuait de tous côtés (voir les *Œuvres diverses* de Rotrou).

La sœur du comte de Soissons, Louise de

---

[1] *Analyse des Archives communales de la ville de Dreux* par M. Lucien Merlet, archiviste.
[2] *Ibid.*

Bourbon, avait épousé en 1617 le duc de Longueville, le second chef militaire de Guebriant. Veuf en 1637, le duc de Longueville épousera, un peu plus tard, la sœur du grand Condé ; mais il avait déjà, de son premier mariage avec Louise de Bourbon, une fille, mademoiselle de Longueville, à laquelle Jean de Rotrou dédia *les Deux Pucelles,* vers 1638.

Mlle de Longueville était à cette époque une enfant de douze ans dont le poète fait naturellement le plus grand éloge, et dont il célèbre les charmes et la grâce[1] : « En vous voyant, dit » Rotrou, je crus voir Madame la comtesse votre » mère (c'est-à-dire sa grand'mère, Anne de » Montafief, comtesse de Soissons, devenue sa » mère, l'enfant étant orpheline), sous le visage » de sa petite-fille. C'est d'elle que nous tenons » ce grand prince qui s'est mis si haut dans » l'estime de la France (c'est-à-dire Louis de » Bourbon comte de Soissons, protecteur de » Rotrou et chef de Guebriant) ; et c'était d'elle » que nous était née cette pieuse et sage duchesse » (c'est-à-dire Louise de Bourbon, première » femme du duc de Longueville), que le ciel lui a » laissée en vous. »

---

[1] A quelque temps de là, Chapelain écrivant au duc de Longueville confirmera cet éloge (Lettre du 14 octobre 1640, p. 700 du Recueil des Lettres de Jean Chapelain, publié par M. Ph. Tamizey de Larroque, correspondant de l'Institut).

Rencontre assez piquante, l'enfant de douze ans, à laquelle sont dédiées *les deux Pucelles,* sera un jour la duchesse de Nemours, celle-là même qui, dans ses Mémoires, raconte en termes peu bienveillants l'expédition de la maréchale de Guebriant et l'arrestation de Charlevois à Brisach (Voir plus loin page 75).

Dans une étude historique très serrée et très substantielle dont nous parlerons tout à l'heure[1], M. Albert Vandal cite au nombre des jeunes filles de la Cour qui, vers 1645, aspiraient à devenir reine de Pologne, et qui avaient chacune leur brigue et de puissants suffrages, mademoiselle de Longueville, « belle-fille de la célèbre duchesse de ce nom » ; elle « se recommandait surtout par sa beauté », — ce qui prouve, soit dit en passant, que Rotrou dans son *Epître dédicatoire* n'a pas été un vil flatteur. On sait que le choix du Roi de Pologne et les habiles manœuvres d'Anne d'Autriche et de Mazarin firent préférer à toutes ses rivales Marie de Gonzague, l'amie particulière et la protégée de la maréchale de Guebriant. Qui nous dit que Mlle de Longueville, voyant la couronne de Pologne lui échapper[2], n'a pas mêlé

---

1 *Revue des Deux-Mondes* du 1er février 1883, p. 673.

2 Le duc d'York, frère de Charles II d'Angleterre, demanda aussi sa main. La régente s'opposa à ce mariage. Elle épousa le duc Henri de Nemours, qui tomba malade près la célébration du mariage et mourut en 1659.

quelques sentiments d'amertume au récit qu'a laissé la duchesse de Nemours de l'épisode de Brisach ?

Quoi qu'il en soit, le poète Rotrou se déclarait de bonne heure, dans ses Préfaces, « très humble sujet de la maison de Soissons » (*les deux Pucelles*); il a pris avec la naissance « l'honneur d'être la créature de cette famille (*les Occasions perdues*) ». Ce n'est pas tout encore : parmi les amis « que sa muse lui avait donnés », se trouvait M. de Liancourt, auquel il dédia le *Filandre* en 1635 : or M. de Liancourt était l'ami particulier et le protecteur de Guebriant ; c'est à lui que le maréchal, en mourant, remettra ses armes [1]. Enfin, pour compléter et resserrer tous

[1] Le problème à résoudre est celui-ci : M. de Liancourt (ou Liancour dans Moreri et plusieurs autres écrivains de l'époque), ami de Guebriant, est-il le même personnage que le « haut et puissant seigneur Messire Roger du Plessis, » marquis de Liancour, de Mont-Fort le Rotrou, et de » Guercheville, comte de la Roche-Guyon, et de Beaumont-» sur-Oyse, chevalier des ordres du Roy, Conseiller de » ses conseils d'Estat et privé et premier gentilhomme de » la Chambre » auquel le poète Rotrou dédie le *Filandre* en 1637 ? Ce marquis de Liancourt est-il le brillant officier qui fut tué quelques années après la mort de Guebriant, au siège de Mardyck, à la tête d'une troupe de volontaires ? Ou bien s'agit-il, dans le cas présent, de son père, du célèbre duc de Liancourt, dont Sainte-Beuve a fait un portrait si attachant au commencement de son Histoire de Port-Royal ; de celui qui le 31 janvier 1655 se verra refuser l'absolution par M. Picoté, prêtre de Saint-Sulpice, d'où

ces liens, c'est à Guebriant lui-même que le poète fait hommage, en 1638, d'une de ses plus fortes œuvres, la tragédie d'*Antigone :*

... Durant que vous servés le Roy, dit-il, dans son Epître, je le divertis, et je fais voir à S. M. le siege de Thebes, cependant que vous travaillés à celuy de Brizac.

Je ne sais si le comte de Guebriant eut le temps de lire immédiatement la tragédie d'*Antigone*. Mais il correspondait avec le frère de son secrétaire : dans une lettre qu'il écrit à Kreutznach le 24 décembre 1639 (trois jours après le grand conseil de guerre, où, sur son avis, fut décidé, pour le 28 décembre, le passage du Rhin), il fait à Pierre de Rotrou diverses recommandations, celle notamment d'« estre estrangement soi- » gneux et sur ses gardes quand il est question » d'argent car en matière de sen desaisir chaqun » ne cherche qu'eschapatoire » ; il ajoute, après lui avoir donné encore d'autres commissions :

Rendes aussy unne lettre que j'escriptz à M. Rotrou votre frère. Je suis vostre plus véritable amy.

---

la lettre d'Arnauld à une *personne de condition*, suivie d'une seconde lettre *à un duc et pair*, suivie enfin des *Provinciales* de Pascal ? Les papiers de Rotrou contiennent une aimable lettre de M. de Liancour à Guebriant. Nous aurons à examiner si c'est un autographe du duc ou du marquis, du père ou du fils.

Quant à la tragédie d'*Antigone*, elle ne fut pas expédiée seulement aux quartiers de Brisach. Elle s'en alla aussi en Picardie, trouver la Cour, les Ministres, et l'aimable Ratabon, le secrétaire de De Noyers, qui la réclamait en ces termes à son ami Pierre :

Du 18e Juin 1639. A Abbeville. Jay receu touttes vos despeches ors mis celle qui debuoit accompagner cette belle antigonne tant desirée, envoyes la moy sil vous plaist promptement et la faictes escorter par les...[1] en cas quelles soient en estat de faire le voyage.

Soissons, Longueville, Liancourt et Guebriant, voilà donc les amis et les protecteurs que valurent au poète Rotrou le charme et l'attrait de ses vers; ce furent aussi les patrons de Rotrou de Saudreville ; c'est dans ce milieu que s'est élevé et qu'a grandi le frère cadet; c'est Jean qui a donné Pierre à Guebriant ; c'est le poète qui a fait la fortune du commissaire.

---

[1] Il y a ici un mot que nous n'avons pu déchiffrer : c'est quelque chose comme *laines*, *lames* ou *lances*. Nous avions pensé à *Laures*, Rotrou ayant fait en 1637 une comédie intitulée *Laure persécutée;* mais le pluriel ne s'expliquerait pas, à moins qu'il n'indique, dans la pensée de Ratabon, le second personnage qui feint, à un certain moment, d'être Laure. Peut-être s'agit-il de quelque pièce plus récente qui ne serait pas parvenue jusqu'à nous : le poète Rotrou n'a-t-il pas écrit, en 1630, que *Cléagénor et Doristée* était « la cadette de trente sœurs » ? Où sont ces trente sœurs ? Ont-elles jamais été en état de supporter aucun voyage?

De secrétaire particulier du comte de Guebriant, Pierre de Rotrou devint secrétaire de l'armée, titre qui lui donnait déjà sans doute une position officielle et qui pouvait ajouter encore à l'autorité et au prestige de sa naissance et de son nom [1]. Guebriant lui donne l'espérance d'une nomination prochaine dans la lettre suivante qui débute encore par une admonestation assez vive :

Rotrou, en matiere d'expeditions de cour, il ne se fault pas contenter de papier car l'on en ha beaucoup pour peu d'argent. Y fault veoir d'ou et de quoy. Il y ha deux mois et demy que je nouris les troupes du Roy de pain d'amonition : il y en ha un que S. A.[2] leur en faict donner sur la promesse que jay faicte de le payer, je demande des officiers d'armee, et vous vous contentes pour tout cela que l'on m'assine sur les derniers revenans bons d'unne somme de 39^{m} livres pour la distribution de laquelle il y ha un estat libellé. Je scay bien que vous ne pouves pas forcer M. de Noyers : mais vous pouvez bien refuser de vous charger de papiers inutiles et remontrer les choses quy sont de raison. . . . .

Ce que jay peu faire en la rencontre cy pour vous cest de vous avoir faict passer pour le controlleur, comme M. le Clerc pour commissaire. Vous aures aussy la paye de segretaire de l'armee lors que je trouveray moyen de faire payer les officiers, et

---

[1] A la notoriété et au crédit que faisaient rejaillir sur lui les succès dramatiques et la gloire de son frère, Pierre de Rotrou joignait le sensible avantage de porter *chevron d'or sur un champ de gueule, avec deux molettes en haut et rose en pointe.*

[2] Le duc de Weymar qui venait de mourir.

en toute aultre occasion je vous temoigneray que je suis votre meilleur amy. A Brisack le 10e aoust 1639.

Le secrétaire, un peu vexé de la semonce du début de cette lettre, ne se tint pas pour battu ; car en marge il écrivit cette note :

Les papiers que son Exc. marque d'inutilles ont eu leur entiere execution, et l'argent en a esté delivré suivant la destination qu'elle a eu agreable d'en faire aux officiers de l'estat major des trouppes.

Enfin au mois de juin 1642, il est nommé Commissaire des guerres, quelques semaines seulement après l'élévation de Guebriant à la dignité de maréchal de France. La lettre de M. de Roqueservière qui lui annonce l'une de ces nominations, et se réjouit de l'autre, mérite d'être citée presque en entier :

Au camp de Castiz, ce 2e Juin 1642. Monsieur, je suis ravy de joie de la bonne nouvelle que nous a aportee M. Gueritz. il n'y a rien au monde qui me peult contenter a l'esgal de cella, et vous puis assurer que personne ne peult partissiper plus que je faitz aux honneurs et advantages que monseigneur le mareschal ressoict en ceste occasion de sa mageste et de S. E. C'est une juste récompense a ces merittes que le baston de mareschal de France et aux signalles services qu'il a randus jusques asture a toute la France,

Pour la charge de comissere de guerre dans ceste armée, de laquelle vous desires estre pourveu puisqu'elle despent absolument de monseigneur le mareschal vous ne debves nullement doubter qu'il ne vous en favorize pluslot que tout aultre, Je vous assure que je lui en parleray et à monsieur de Trassi aussi. Et vous donray advis de ce que je pourray aprendre. Je vous souhaitte non seulement cette charge, mais enchores beaucoup par dessus.

Suivent des regrets de la mort de M. de Lermor et de M. de Flaucour, tués au siège de Leichnich ; des détails sur ce siège ; des remerciements à Rotrou qui a bien voulu toucher pour lui, à Paris, mille livres de sa pension, et présider à un achat de « *nipes* » dont il l'avait chargé ; la nouvelle que les 30 compagnies hollandaises ont été mises en garnison à Kempen, Duren, Ulkrat et Bedbur et que l'on attend de jour en jour les bretons qui sont arrivés à « Rotredam ». La lettre se termine par ces mots :

Depuis avoir escript ce que dessus, j'ay prins occasion de parler à S. E. et à M. de Trassi estant ensemble de la charge de comissaire pour vous : il me respondit que déjia il la vous avoit donnée, et à M. de Laforetz celle de grand prevost[1]. C'est de quoy je vous felissitte et vous souhaitte toutes prospéritiés.

---

1 Le s^r de la Forest, prévost de M. le maréchal de Guebriant. Ses provisions furent signées par le Roi, à Narbonne, en juin 1642. Elles lui donnaient le pouvoir « d'exer- » cer la justice et de porter le baton à commander six » archers par toute l'étendue du Royaume. » (Papiers de Rotrou.)

Ce sera aux différentes pièces de cette correspondance à montrer quels services Rotrou rendit au maréchal, avec quel dévouement il travaillait à Paris au bien de l'armée, de concert avec la maréchale dont il habitait l'hôtel situé rue de Seine[1], visitant les secrétaires d'Etat, ordonnant les levées, pressant l'envoi des renforts et des fonds, en même temps qu'il recueillait pour les transmettre au maréchal toutes les nouvelles et les bruits du jour. Ce rôle de *reporter* rend ses lettres particulièrement intéressantes :

Il y a lettres de Bruxelles du 16e du mois passé qui portent que don francisco de Melos a ordre du Roy d'Espagne de faire la paix à quelque prix que ce soit.

Depuis trois ou quatre jours on a été contraint d'oster de la Sorbonne le corps de feu M. le Cardinal, le peuple projetant de l'enlever de force et de le traîner par les rues, s'il arrivoit faute du Roy ; le murmure a ce que l'on dit a donné beaucoup de crainte a madame d Eguillon, et la obligée de faire oster de chez elle ce quelle avoit de plus précieux. (Lettre du 11 mai 1643.)

Le 26 avril, la santé du Roi était tout à fait *déplorée,* comme on disait au XVIIe siècle :

Les nouvelles du peril ou se trouve Sa Majesté semblent maintenant sy desesperées que je peux

[1] Du moins beaucoup de lettres lui sont adressées à l'hôtel de Guebriant, rue de Seine.

bien vous dire sans chiffre que l'esperance quy reste de sa vie est fort petite. Ni la Royne, ni les princes, ni les ministres ne peurent hier matin la résoudre à prendre un peu de rhubarbe avecque du cirop de Rose.

Ce même jour, la nomination de Guebriant au poste de Gouverneur du Dauphin paraissait certaine :

Depuis mercredy au soir jusques a cette heure tout le monde s'est tellement persuadé que V. E. avoit été choisie pour estre honorée de cette dignité qu'il n'y a pas eu un seul de ses amys quy ne m'ayt chargé de luy tesmoigner la part qu'ils prenoient a ses advantages et jusques a S. A Royale mesme, elle publia mercredy dernier a dix heures du soir, arrivant daupres du Roy que cette affaire avoit esté arrestée. Monsieur de Bassompierre a ce que l'on dit est encore des pretendants.

Le 29 avril, il n'y avait encore rien de décidé :

La Royne a choisi pour sous-gouverneur de M. le Dauphin M. Dumont. — elle a la liberté de choisir pour gouverneur qui elle voudra.

Le maréchal de Bassompierre, auteur des *Mémoires* bien connus, sortait de la Bastille où il avait passé dix années par ordre de Richelieu. C'est lui qui en revoyant Louis XIII, après cette longue séparation, avait fait au souverain ce gracieux compliment : le Roi lui demandait son âge, et Bassompierre qui avait 60 ans répondit qu'il n'en avait que 50 ; le Roi parut surpris : « Sire, re-» partit le maréchal, je retranche les dix années » que je viens de passer à la Bastille, puisque je » n'ai pu les employer au service de votre » Majesté. » Ni Bassompierre, ni Guebriant ne fut nommé gouverneur du jeune Louis XIV. Cette charge échut à M. de Villeroy.

Un autre événement dont la nouvelle arriva comme un coup de foudre, alors que le maréchal et la maréchale de Guebriant étaient réunis en Alsace, fut la disgrâce du ministre De Noyers, leur protecteur le plus affectueux, leur ami le plus dévoué. Les causes de cette disgrâce ne sont pas très bien connues (voir Chéruel, *Histoire de France pendant la minorité de Louis XIV*, tome I, p. 23). D'après Rotrou, le ministre aurait été froissé que le roi lui demandât des éclaircissements sur quelques fonds que feu Monsieur le Cardinal faisait employer en pensions et gratifications particulières.

C'est M. Le Tellier beau frère de M. de Tilladet et intendant de justice en l'armée d'Italie qui doit lui succéder : mais il n'aura aucune part au ministère et sera chargé uniquement d'executter les resolutions. (12 avril.)

D'après les Mémoires de Montglat, une fois sa détermination prise de renvoyer De Noyers, le Roi parut enchanté, et « le pilla en même temps

» devant tout le monde, comme il avait accou-
» tumé de faire tout ceux qui tombaient dans sa
» disgrâce. »

De Noyers, nous disent ces mêmes Mémoires, était très dévot : « Il s'enfermait avec le roi tous » les soirs pour dire le bréviaire, où ils se répon- » daient l'un à l'autre en psalmodiant. » Or, dans une lettre chiffrée, du 18 avril, Rotrou écrit à ses maîtres :

Sa Majesté n'oublie pas aussi de dire que la dévotion de M. De Noyers n'étoit pas si grande que s'il avoit eu ordre de feu M. le Cardinal de prendre le turban, qu'il ne l'eust fait de bon cœur.

Cette disposition à accuser d'apostasie des amis tombés dans la disgrâce paraît habituelle au roi Louis XIII. Le 30 juin 1642, De Noyers écrit au Cardinal : « Le Roy m'a dit qu'il croit que M. le » Grand eût été capable de se faire huguenot. » J'y ai adjousté qu'il se fût fait Turc pour ré- » gner.... (cité par Alfred de Vigny, notes et documents historiques, p. 458, à la fin du roman de *Cinq-Mars*).

De Noyers ne s'attendait pas qu'il serait un jour payé de la même monnaie !

D'un autre côté, Chavigny, qui paraît avoir travaillé sous main, avec Mazarin, à la disgrâce du secrétaire d'Etat de la guerre, avait écrit à

Guebriant, le 11 avril 1643, sur un ton d'humilité chrétienne un peu suspect :

> Ce sont des accidents qui arrivent à la cour, qui peuvent tomber sur tout le monde également. J'essaye au moins de m'y preparer affin de n'estre pas surpris quand j'y auray ma part. (Papiers de Rotrou.)

Ces nouvelles affligèrent fort le maréchal et la maréchale de Guebriant. Ils s'inquiétèrent du sort de Ratabon, l'aimable secrétaire :

> Mandes moy, écrit la maréchale à Rotrou, de St-Dizier, le 14 avril, en quel estat est de tout sela M. R. qui eternelement trouvera en nous ce quil doit atandre de veritables amis et tres reconnaisants de toutes les bontés qu'il a toujours eue pour nous. Je ne me puis pas persuader qui luy puise ariver aucunne disgrâce en son particulier sest ases quil partisipe a selle de son mestre.

Ratabon fut maintenu à son poste : et le maréchal donna ordre à Rotrou d'aller voir De Noyers de sa part, et de faire « tout ce que commandait la bienséance » (Lunéville 19 avril). Rotrou eut de la peine à s'acquitter de sa commission : De Noyers s'était enfermé à Dangu [1], et

---

[1] De Noyers avait un château à Dangu, commune limitrophe de la commune de Noyers (Eure). Le 13 mars 1637, des lettres du Roi sont écrites à Dangu (Dépôt de la Guerre, volume 35, folio 91). Voir, sur ces deux localités, le *Dictionnaire historique de l'Eure*, par Charpillon. Cet auteur fait mourir De Noyers, à Dangu, le 20 octobre 1643.

ne voulait voir âme qui vive (Lettres de Rotrou).

Le secrétaire du maréchal de Guebriant ne demeurait pas toujours à Paris ni aux environs. Les fonctions et les devoirs de sa charge l'appelaient souvent au dehors. Malgré son titre de commissaire des guerres, il n'avait pas à faire acte de présence aux armées. C'est ainsi que certains diplomates portent le titre de secrétaires d'ambassade, sans avoir jamais quitté le quai d'Orsay, où leurs services cependant ne sont pas les moins utiles ni les moins appréciés. En 1638, Rotrou est à Abbeville. Il y retourne en 1639 (voir plus haut p. 20 et p. 35). En décembre 1641, il apporte au comte de Guebriant le brevet de lieutenant général et les lettres du Roi, du Cardinal et du ministre De Noyers. Ce dernier terminait sa dépêche par une de ces formules aimables dont il avait le secret :

> C'est de quoy j'ay voulu vous donner assurance par l'occasion de vôtre secretaire, qui ennuyé de l'absence de son Maître, s'est résolu de l'aller chercher au bout du monde, je ferois bien le même si la necessité le requeroit et s'il l'étoit permis, monsieur, à votre très-humble et très-affectionné serviteur.

En 1642, Rotrou se rend à Narbonne en compagnie du comte de Lermor, que Guebriant avait spécialement envoyé à la Cour, pour y porter le récit de la bataille de Kempen, pendant que M. de Gueritz, aide de camp, venait déposer aux pieds du souverain les drapeaux pris à l'ennemi. Rotrou, lui, était chargé de remettre au Roi et aux ministres et d'appuyer auprès d'eux toutes les demandes de Guebriant. Il quitta Narbonne à la fin du mois de mars, muni d'un passeport signé par le Roi, précédé ou suivi de M. de Gueritz, qui emportait pour son maître le bâton de maréchal, de M. de la Forest, qui venait de recevoir son titre et ses provisions de prévôt, et de ce pauvre M. de Lermor qui devait bientôt aller se faire tuer au siège de Leichnich. (Cf. p. 45, lettre de Roqueservière, et plus loin, p. 85, lettre de M. de Tracy.) Rotrou du moins dut être informé officieusement, avant son départ, des grands honneurs qui allaient être conférés à M. le comte de Guebriant. Il en rapporta la nouvelle à la comtesse, et il lui raconta les événements importants dont il avait été témoin, les entretiens qu'il avait eus avec les principaux personnages de l'Etat. Il ne trouva pas sans doute intéressant de lui raconter qu'il avait vu à Narbonne, dans l'appartement royal, un jeune valet de chambre nommé Poquelin, et que tous deux ils avaient causé des comédies de Jean de Rotrou, et de la meilleure de toutes, *les Sosies,* que Molière imitera un jour dans *Amphitryon;* puisqu'à cette époque, Rotrou n'avait pas encore composé *la Sœur,* cet autre chef-d'œuvre auquel Molière empruntera aussi des traits si amusants et d'une si franche gaîté, pour *le Bourgeois Gentilhomme*[1].

Rotrou avait quitté Narbonne trop tôt pour assister au coup de théâtre du 13 juin 1642 : à peine avait-il pu soupçonner là-bas « les tempêtes » qui menaçoient l'estat et les particuliers de » ruine[2] ». C'est à Paris qu'il apprit l'arrestation de Cinq-Mars, soit à l'hôtel de Guebriant, soit chez l'infortunée Marie de Gonzague dont les avertissements répétés n'avaient pas été écoutés par son imprudent amant. L'effet de cette nouvelle fut d'autant plus saisissant que Rotrou rapportait de Narbonne, pour l'expédier au maréchal, une lettre de Cinq-Mars, d'un ton un peu mystérieux, il est vrai, et d'une affabilité un peu embarrassée. Les protestations d'amitié et de fidélité de M. le Grand n'étaient guère sincères, puisque la défaite et la ruine de Guebriant étaient indispensables au succès du complot ! C'est à cette époque en effet que nous rapportons

[1] M. Jules Loiseleur, dans son livre intitulé : Les *Points obscurs de la vie de Molière*, montre que Poquelin était de service à Narbonne en 1642. Poussant plus loin la conjecture. M. Loiseleur suppose que le valet de chambre qui fit cacher M. Le Grand, un peu avant le 13 juin, dans un cabinet obscur, d'où il s'évada le soir, n'est autre que Poquelin ; du moins, dit-il, p. 95. « on aimerait à reconnaître » Molière dans le jeune valet de chambre coupable d'un » tel acte de générosité ».

[2] Lettre de De Noyers à Guebriant : « à Rouane, ce 16e juillet 1642 ».

la lettre de Cinq-Mars, sans indication de date, ni de localité, que Jean Le Laboureur insère et place un peu avant la bataille de Kempen. (*Histoire du maréchal de Guebriant*, p. 466.) Les papiers de Rotrou possèdent ce précieux autographe.

Si le secrétaire de Guebriant ne fut pas le témoin oculaire de ces derniers événements, il nous en a conservé les souvenirs. Ce sont d'abord les compliments et les félicitations qui accompagnent ou qui suivent le brevet de maréchal et les Lettres Royales ; une lettre de Richelieu, par exemple, du 2 avril 1642 à Narbonne : elle se termine par les initiales L. C. D. R. le Cardinal n'ayant pu signer, dit le secrétaire, à cause de l'incommodité de son bras ; un charmant billet de Fr. Aug. de Thou, écrit à Narbonne, le 11 avril ; une lettre du vieux duc de Saint-Simon, écrite à Blaye, le 16 avril, etc. Après les félicitations, les affaires. Le 13 juin, le jour même de l'arrestation de Cinq-Mars, le Roi signe une longue et substantielle instruction adressée à celui qu'il appelle dorénavant : Mon cousin. Le 27 juillet, Richelieu écrit à Guebriant une nouvelle lettre qui porte sa suscription, les cachets rouges aux armes du Cardinal et la soie rouge, mais qui n'est point signée. On n'y trouve même plus, comme à la fin de la précédente, les initiales L. C. D. R. Cette lettre commence ainsi : « Monsieur, j'ai reçeu avec beaucoup de satis-

» faction les tesmoignages qu'il vous a pleu me » donner de vostre souvenir... » De plus, cette lettre est datée de Carcassonne, ce qui augmente notre incertitude ; car à cette époque Richelieu était malade, et toutes ses lettres sont datées de Tarascon. Cependant les lettres du 25 et du 26 juillet (Avenel, tome VII) sont des minutes de la main de Cherré ou de celle de Charpentier, sans indication de localité [1].

Le 6 août De Noyers raconte la bonne réception que le Roi a faite à la maréchale, au palais de Fontainebleau. Le 13, il lui écrit de Versailles.

Le 29 (localité illisible [2]), il lui raconte les derniers évènements :

Les affaires de deca sont sur leur cryse. Perpignan par les lettres de S. E. du 23e demandoit a capituler, mais le secours paroissoit a Rose qui n'en est qu'a quatre journées de sorte que nous n'en scavons que penser. Nos gentz y sont en bon estat. les conjurés s'en vont bien tost etre juges desia (un nom illisible) et Mr de Bouillon confessent le traité d'Espagne, le 3e le niera sans doute parceque cest luy qui l'a brassé et qui les y a ambarqués.

Le 30 août, à Paris, c'est M. d'Estrades

---

[1] Carcassonne est plus près que Tarascon de Perpignan que surveillait Richelieu. Mais comment Richelieu, malade, se serait-il rendu, en si peu de temps, de Tarascon à Carcassonne ?

[2] Nous croyons avoir lu : *Averrerie*. — Le dictionnaire des Postes cite *la Verrerie* dans l'Eure : or c'est dans ce département que se trouve le domaine de Dangu (voir plus haut page 50, note 1).

qui se charge de tenir le maréchal au courant :

Monseigneur, je reviens hier dauprès du Roy ou il me demanda très particulièrement de vos nouvelles.... Monsieur de Chavigni qui a passion pour vous me dit qu'il estoit marri de ce que vous avies donne la main a monsieur le prince d'Orange... je parts demain pour Lyon ou je vas trouver S. E. pour l'affaire de Mr de Bouillon. Mr de Thurenne sest bien comporté dans ceste affaire ny ayant nulle part il a este auprès de S. E. et il est returne à Perpignan qui parlemante (Papiers de Rotrou).

Notons que M. de Turenne, frère cadet du duc de Bouillon, avait servi dans l'armée de Guebriant.

Quant au récit officiel de la conjuration, le Roi, dès le 4 août 1642, l'avait envoyé au maréchal. Le Laboureur n'en insère qu'une partie (p. 465), déclarant que la suite « a quelque chose de trop » aigre contre la personne d'un prince que l'on » devait plus respecter ». S'agit-il ici, dans la pensée de Le Laboureur, de Gaston d'Orléans, ou du duc de Bouillon « qui fut trouvé caché » dans du foin », nous dit la lettre du Roi? Cinq-Mars implorant un valet de chambre pour se cacher dans un cabinet noir : et de son côté le duc de Bouillon blotti derrière des bottes de foin, pendant que Gaston d'Orléans tombe à genoux et demande pardon ; en vérité ces odieux conspirateurs qui, au dernier moment, n'avaient même pas le courage de mettre flamberge au vent, méritaient bien que le dénouement de leur complot fût ridicule pour tous, avant de devenir tragique pour quelques-uns ! [1]

Après ce grand voyage à Narbonne, nous voyons encore Rotrou appelé à Tours pour les affaires de ses maîtres : en 1643, il accompagne la maréchale jusqu'à Meaux. Celle-ci continue alors sa route, avec Jean Le Laboureur. Reçue sur son parcours, avec des honneurs tout particuliers, comme un préteur antique muni de l'*evectio,* et préludant, en cette brillante excursion, à son grand voyage de Pologne, elle revoit enfin son mari, et reste auprès de lui de trop courts instants... Huit mois après, Rotrou à son tour arrivait à Brisach, où il recevait des mains du colonel d'Erlach les restes du maréchal de Guebriant.

V

Nous n'avons d'autre témoignage de la présence de Rotrou auprès de la maréchale dans le voyage de Pologne, que par la *Relation* qu'en a faite Jean Le Laboureur, en 1648, près de dix années avant que parût l'*Histoire du maréchal*

[1] La circulaire du Roi dont Guebriant reçut un exemplaire fut imprimée dans la *Gazette extraordinaire* du 27 août. — On la trouvera encore dans Avenel, VII, 71.

de Guebriant. Car nous ne pensons pas qu'il soit question de Rotrou dans le récit inédit d'un secrétaire de la reine de Pologne, dans les Mémoires et dans les lettres de divers personnages qu'a consultés, au Ministère des Affaires étrangères, M. Albert Vandal (*Revue des Deux-Mondes* du 1er février 1883). Rotrou cependant avait un titre officiel : il était secrétaire de l'ambassade, et il fut même envoyé pendant ce voyage, auprès du prince et de la princesse d'Orange, pour les complimenter, au nom de la maréchale de Guebriant[1].

Nous avons vu plus haut (note 1 de la page 20) que la maréchale était particulièrement liée avec la princesse Marie de Gonzague qui devait épouser le roi Ladislas IV : elle fut nommée « ambas- » sadrice extraordinaire et surintendante de la » conduite en Pologne » de cette princesse. Elle partit de Paris le 3 décembre 1645, avec sa nièce Mlle de Guebriant, fille d'honneur de la reine régente. Elle était suivie de « nombre de damoi- » selles et de plusieurs gentils-hommes leste- » ment equippez de toutes les choses nécessaires, » et le reste du train montait à plus de cent

[1] *Histoire et relation du voyage de la Royne de Pologne et du retour de Madame la mareschalle de Guebriand*, etc., par Jean Le Laboureur, p. 65. Le secrétaire de la reine de Pologne qui a écrit le récit « intime et parfois fort piquant » conservé aux Affaires étrangères s'appelait Desnoyers.

» hommes et de quatre-vingts chevaux..... »

Rotrou est encore nommé deux autres fois dans la relation de Jean Le Laboureur. Le retour eut lieu par la Hongrie, l'Autriche et l'Italie. On avait quitté Varsovie le 10 avril 1646. A Presbourg, l'autorité fit des difficultés pour laisser passer les voyageurs ; on trouva les passe-ports insuffisants (voir dans la généalogie de la maison des Budes, p. 101, d'autres détails intéressants sur cet incident); Rotrou protesta et fit valoir de si bons arguments que le passage fut accordé. En Italie, à Massa, Mlle de Guebriant tombe gravement malade, Rotrou court chercher un médecin et un confesseur à Gênes..... et le médecin qu'il ramène rend inutile l'office du confesseur. Ce ne fut pas, hélas ! pour bien longtemps. Mlle de Guebriant devait mourir quelque temps après son retour en France. Là-bas, elle avait été demandée en mariage par plusieurs seigneurs, amoureux de son esprit et de sa beauté. L'un d'eux même, « M. Slwska, grand Thésorier de » Lithuanie », se disposait, nous dit Le Laboureur, à venir en France présenter sa demande officielle.

Peu de temps après ce voyage, Pierre de Rotrou quitta l'hôtel de la rue de Seine, et se maria, le 4 octobre 1649. Je ne sache pas qu'il ait accompagné madame de Guebriant dans cette mystérieuse expédition de Brisach dont nous parlerons plus loin. Il n'était pas assez roué pour pouvoir se rendre utile en pareille circonstance. Il devint maître d'hôtel ordinaire du Roi, puis conseiller secrétaire du Roi, maison, couronne de France et de ses finances (voir le t. XVII du dictionnaire de la noblesse par de La Chenaye-Desbois et Badier, 3e édition). Il avait acheté près d'Étampes le domaine de Saudreville, dont le château existe encore, et que ses descendants conservèrent jusqu'en 1848. Aux portes du château, on put voir jusqu'en 1815 trois canons que le roi Louis XIV lui avait offerts pour reconnaître les services qu'il avait rendus à l'État. Ces canons disparurent pendant l'invasion : ils sont peut-être, en ce moment, dans quelque arsenal de la Prusse. Rotrou de Saudreville mourut le 15 mars 1702, à l'âge de quatre-vingt-sept ans et fut inhumé à Paris, en l'église Saint-Merry ; on voit encore à droite du chœur la pierre tumulaire sur laquelle est gravé son nom.

Un fâcheux souvenir cependant pèse sur sa mémoire. C'est lui qui, de son propre aveu (voir p. 110 de notre *Histoire du Venceslas*), a donné à son frère le déplorable conseil de quitter la ville de Dreux, au moment de l'épidémie, comme avait fait, dans une circonstance analogue, le maire de Bordeaux, Michel Montaigne. Nous sommes convaincu, qu'en apprenant les dangers

victoires et des défaites « dont il faut chercher la » cause, non sur les champs de bataille, mais » dans les magasins, les fourgons et les ba- » gages[1] ». S'il avait assez vécu pour connaître Louvois, Louvois l'eût adoré. Voici un document qui montre bien jusqu'à quels minutieux détails devait descendre sa prévoyance.

Pour satisfaire à ce que vous désirez de moy touchant les munitions de guerre que ie doibz vous faire trouver jy ay travaille ce matin et trouve que vous pouvez vous assurer à Strasbourg de quatre vingt quintaux de plomb, de trente quintaux de mesche et de dix sept quintaux de poudre aupres d'un appelé Martin Brombac, vous trouverrez encore cent quintaux de poudre à Bennefelden auprès du fondeur... (Lettre de d'Oysonville, 19 septembre 1643. Papiers de Rotrou.)

Que de difficultés et de mécomptes lui a causés le départ, tant de fois ajourné, du duc d'Anguien, en septembre 1643, lorsque M. de Tracy rencontre le prince « entre Dorman et le fort à » pinson[2], qui s'en alloit à Paris »! Il faut bien vite décommander les achats de blé faits à Stras-

[1] « La guerre! ce n'est pas la bataille: la guerre, c'est l'étape dans la boue, sous la pluie qui tombe ou le vent qui fouette le visage; c'est la nuit qu'on passe à la belle étoile, sans abri, sans feu, parfois sans pain, c'est l'ennui qui aigrit l'esprit et la lassitude qui affaiblit le corps. » (*Le Temps*, 11 septembre 1883.)

[2] La carte de l'Etat-Major indique, entre Dormans et Epernay (feuille 50), une localité appelée *Port-à-Binson*.

bourg, s'entendre de nouveau avec MM. Guilloire et Hœuff pour les lettres de change sur Bâle, etc. « Je suis au désespoir que mes peines » et mes soings ayent esté sy inutiles par le » retour de Mgr le Duc » (Lettre de M. de Tracy à Guebriant, de Dorman, ce 14e sept. 1643)... Une partie de la vie de Guebriant, de MM. de Rotrou et de Tracy s'est passée à demander et à presser l'envoi des montres ; et cependant on était encore en France, sous ce rapport, plus exact qu'en tout autre pays[1]. Quand un ministre tombe, les paiements sont arrêtés, les commis se défient. De Noyers quitte le ministère : aussitôt « M. Tubeuf refuse de faire » acquitter les ordonnances que M. De Noyers » avait expédiées pour le pain de munition et » pour les munitions » (Lettre de Rotrou à Guebriant, 18 avril 1643). Se figure-t-on, de nos jours, nos soldats ne recevant plus ni pain, ni cartouches, parce qu'il y a eu à Paris un change-

---

[1] C'est en toute justice que M. De Noyers, écrivant à Guebriant, de Ruel, le 2 octobre 1638, le priait de faire considérer au duc de Weymar :

« Qu'il n'y a point de puissance dans l'Europe qui » nonobstant la longueur de la guerre satisface si ponc- » tuellement aux paiements des choses promises que fait » notre roy qui n'a pas manqué a aulcun des paiements » des huict centz mille escuz promis à S. A. vous y ad- » jouteres ce que votre bon esprit vous dictera sur ce sub- » ject et je vous assure que quoy que vous puissiez dire » vous dirés verité. » (Papiers de Rotrou.)

ment de ministère? Il n'y a pas jusqu'au cours des monnaies qui ne donne lieu avec les banquiers à de nouvelles discussions (Lettres de M. Hervart, de M. Hœuff, etc.). Ajoutez à cela le débandement des troupes et la désertion ; les intrigues d'agents secrets qui les débauchent et les enrôlent pour d'autres maîtres (Lettres de M. de Caumartin à Guebriant, Soleure et Basle, septembre 1643, informant le maréchal que le baron de Copet et du Breuil Ridelet se sont engagés à fournir aux Vénitiens 4000 hommes de pied et 600 chevaulx); les exigences des officiers, les discussions qui nuisent au bien du service[1]; les négociations toujours pendantes ou sans cesse renaissantes avec les Suédois, les Allemands, les Hessiens, les Brunswick, les Hollandais, etc... Le soin de démêler tous ces intérêts, de combiner tous ces mouvements, de stipuler toutes ces alliances, était confié à Guebriant. Il avait encore bien d'autres démarches à faire, celle-ci par exemple que lui recommande une lettre du Roi :

[1] Lettre du Roi à Guebriant (Chantilly, 26 septembre 1638) ; lettre de De Noyers (Mouchy, 27 septembre 1638, une des plus fines de cet homme spirituel : nous en donnerons plus loin quelques fragments p. 80), à propos du différend entre M. de Montausier et le sieur de Mery. — Affaire du colonel Schimitberg : lettre du Roi à Guebriant (Chantilly, le 26e febvrier 1639), le chargeant d'offrir cent mille livres au colonel Schimitberg pour remettre son régiment à 1500 hommes ; et de le « réduire par vos soins et » votre adresse acoustumée à ce que je desire de luy ».

Mon cousin, j'envoye le S[r] (mot illisible), secretaire de ma chambre a Coulongne pour donner ordre aux affaires que la deff[te] Reyne madame ma mere y a laissées en mourant et pour faire transporter son corps en France... si vous vous rencontrez assez proche de Coulongne cela servira beaucoup a faire resoudre l'Electeur a se conduire dans les affaires de la d' deff[te] dame Reyne comme je desire. Escrit à Chantilly le XXIIIe Aout 1642. Louis — Bouthillier. (Papiers de Rotrou.)

« La dite deffunte dame » était la veuve de Henri IV, et venait de mourir à Cologne, le 3 juillet 1642, assistée par le médecin Riolan, agent secret du cardinal de Richelieu, par l'archevêque électeur et par les deux nonces qui représentaient le pape au Congrès. Nous trouverons dans les papiers de Rotrou plusieurs lettres écrites en latin, par l'un de ces nonces, à Guebriant.

Ce retour de la dépouille mortelle de Marie de Médicis était une affaire assez délicate à négocier. On s'y prit de plusieurs manières. Le 26 juillet 1642, Richelieu avait déjà écrit à Chavigny :

On peut et doit-on demander honnettement aux Espagnols le passe-port pour faire venir le corps de la reyne par la Meuze et ils n'oseroient le refuser (Avenel.)

Un mois plus tard, comme on le voit par la lettre du Roi à Guebriant, rien n'était encore décidé.

Pendant ce temps, bien d'autres intrigues vont leur train : il faut les déjouer[1].

Un autre chapitre, c'est celui des réclamations. Ici, on ne sait plus auquel entendre. Les plus légitimes, sans doute, mais les plus désagréables, ce sont les protestations des magistrats et des habitants des pays que traversent les troupes (Zurich, l'évêque de Bâle, le colonel d'Erlach qui commande à Brisach, le pays de Gex, l'Alsace, Strasbourg, etc.). En Suisse, à cette époque-là, on ne rencontrait pas encore, paraît-il, l'hospitalité écossaise, ni ce charitable accueil dont nos pauvres soldats de l'armée de l'Est conservent le souvenir.

Il me suffira seulement de vous dire, que nous avons à faire a des Suisses qui nous vendent toutes choses le double de ce qu'elles valent. (Lettre de Roqueservière à Rotrou 1er juillet 1643.)

---

[1] Celles du nommé Mockel, par exemple, un des hommes les plus dangereux de cette époque. Grotius, qui ne nous voulait guère de bien, le prend sous sa protection : « Omnia » dicta et facta tum D. Mochelii, tum præfecti Benfel- » diani sinistrorsum rapit *Tracyus* (M. de Tracy). Mos est » Gallis ultro queri, ubi injuriam intulere. » (Epist. ined. citée par M. Cheruel : *Lettres de Mazarin*, t. I, p. 379). Le trait est spirituel et méchant. Mais qui n'entend qu'une cloche n'entend qu'un son : les papiers de Rotrou renferment plusieurs lettres, où cet agent suédois est arrangé de la belle façon. Dans une autre circonstance, Guebriant écrivant à Grotius remet vertement à sa place l'agent Mockel. Grotius avait un fils dans l'armée du maréchal. Nous citerons des lettres du Roi le recommandant à Guebriant.

On a beau être dans son tort, une lettre comme celle qui va suivre n'est pas agréable à recevoir, et M. le Prince le prenait de bien haut avec le comte de Guebriant :

Monsieur jay receu la vostre et suis bien marry que je naie sceu l'arivee de vos troupes car j'eusse mis ordre pres du Roy pour empescher leur sejour au pais de Gex en mon absence Mr de Thianges devoit estre par vous adverti de leur entree en mon gouvernement je m'asseure que maintenant vous avez les ordres du Roy pour en sortir et aller ou ceste armee est destinee. Je vous prie les executer sans sejour ny delay si vous les aves et me vouloir croire votre tres affectionne a vous servir henry de bourbon. De Pougues ce 23e may 1637. (Lettre autographe de Mr le Prince ; Papiers de Rotrou.)

Pour un bœuf enlevé par un lieutenant de dragons, ou pour un cheval pris à « Lorent Scheffer », voilà les Préteurs, consul et sénat de la République de Strasbourg qui rédigent de longues doléances, et les envoient au quartier général scellées avec le grand sceau de la République : S. SECRETVM CIVITATIS ARGENTINENSIS. Un peu plus, ils menacent d'assembler le grand conseil des 300 eschevins. Quant à laisser sortir de la ville plus de mille boisseaux de blé, il n'y faut point prétendre. Le *Proviant meistre* a reçu des ordres en conséquence. Ce qui ne les empêche pas d'ailleurs de protester de leur dévouement et de leur « grande inclination pour la couronne de France ».

Quelquefois ce sont de véritables procès civils prêts à s'engager. Un major du régiment de Witgenstein est mort, laissant « quelque argent et meuble à un bourgeois de Strasbourg, contre une obligation ». Le « compte de Witgenstein » veut saisir tout l'héritage du défunt, bien que les magistrats de Strasbourg aient offert au chef du régiment « mille richetalers en récompense des frais funèbres »... Sur ce, nouvelles réclamations adressées à Guebriant, etc. (Papiers de Rotrou).

Quand ce ne sont pas les troupes françaises, qui picorent, ce sont les troupes alliées qui se conduisent mal : Bernard de Saxe-Weymar ne se gêne pas pour toucher les revenus de l'évêque de Basle (Lettre du Roi à Guebriant : Abbeville 16 Juin 1639) ; les Hessiens « ont attrappé » quelque vaisselle d'argent et 12 à 15,000 talers » du duc Charles qui menace de brusler les vil- » lages de Strasbourg. » (Lettres de M. de l'Isle, de Strasbourg, le 3 Juillet 1643).... Toutes ces réclamations étaient renvoyées à Guebriant ; et Guebriant instruisait l'affaire : mais n'y avait-il pas de quoi y perdre la tête ? La fermeté et la présence d'esprit du maréchal ne se démentirent pas un seul instant : et malgré ses plaintes, l'exposé qu'il fait de sa détresse, ses fréquentes demandes de rappel, il n'a pas failli un seul instant à sa tâche. C'est le Davout du XVIIe siècle, moins la myopie et la tendresse conjugale, la tendresse apparente du moins ou celle que trahissent des lettres pleines de sensibilité comme les lettres publiées par Mme la marquise de Blocqueville. Mais du temps de Guebriant, la tendresse conjugale n'était guère plus répandue que l'orthographe[1]. Dans la correspondance qu'il entretient avec ses amis, son secrétaire, ses serviteurs, je crois bien avoir trouvé une ligne au plus où il demande qu'on l'informe « de la santé de madame » la maréchalle » (Lettre à Rotrou, de Gronau le 25 novembre 1642). Ici, ajouterait en marge un scholiaste, le lion a souri ! Non pas que ce lion fût dépourvu d'humanité. Il s'occupe de ses officiers blessés, il demande des pensions pour les veuves, et je pense bien que ce fut la fille d'un brave soldat tué au feu que M. de Fontenay, notre ambassadeur à Rome, remercie madame de Guebriant d'avoir prise avec elle[2]. Partout

---

[1] Cependant le récit de M. Guizot, *L'Amour dans le Mariage* fait exception. Encore l'exemple vient-il de l'étranger.

[2] ... « De ce que Madame la Mareschale a fait tant de » faveurs à une pauvre orfeline quelle a voulu retirer chez » elle. » (Rome, 23 juin 1642.)

Les habitants d'Auxonne eurent à se louer aussi d'avoir eu quelque temps Guebriant à la tête de leur gouvernement : « Du camp de Holtum, le 9 septembre 1642. Rotrou J'ay reçu trois lettres de vous depuis que vous estes » de retour de vostre voiage de Tours. Sy les habitants » d'Ozonne dezirent quelque solicitation ou recommanda- » tion de vous serves les de tout vostre pouvoir et ou

ailleurs il est rigoureux, ponctuel, et toujours prêt à rappeler à l'ordre les délinquants : il écrit lettres sur lettres pour la moindre erreur d'addition, et n'a de repos que lorsque l'affaire est éclaircie. Enfin, et ce dernier trait complète l'homme, à côté de ces belles expressions de « service du Roy », du Roi qui était à cette époque l'incarnation de la France ; de sentiment « de l'honneur », — de cet honneur qui est le ressort des monarchies, le maréchal de Guebriant a prononcé et écrit cette parole et cette expression, qui semblent déjà toutes modernes : « les Intérêts de la Patrie ! » (Lettre à De Noyers, 29 août 1642 du camp de Holtum.)

Il était du reste admirablement secondé dans cette vie de labeur par sa femme qui, en vraie bretonne qu'elle était, partagait les plus durs travaux de son mari. Jean Le Laboureur ne dit rien de trop exagéré lorsqu'il affirme (p. 12) que « la dignité de Mareschale de France lui appar- » tient a double tiltre, par participation de son » mary, et par la part qu'elle a mérité dans le

› il sera besoing d'y interposer mon nom faictes lé avecq › tout le soing quy vous sera possible. J'escriptz au jeune › Charlevoy d'informer a toutz les ordinaires ma famme › de tout ce quy se passera à Ozonne et lui recommandes › sur tout d'estre bien vigilant et de faire tout ce que son › frère luy a commandé en partant. › (Lettre de Guebriant à Rotrou.)

» bon succez de ses armes ». Tout le monde en effet la considérait comme l'*alter ego* du maréchal :

De Noyers à Guebriant : Ruel, 28e Juin 1638. Au reste je vous diray que jay eu l'honneur de voir tout nouvellement madame la Comtesse de Guebrian laquelle se porte bien graces adieu. Elle estoit venue a Ruel pour me parler de vos interests.

Loménie de Brienne à Guebriant : Paris, le 8e Juin 1642. Quand bien messieurs de Chavigny et de Noyers partant de cette ville pour suivre le Roy auroient omis à vous tenir adverty de l'ordre que Sa Maj. y avoit mis pour pourvoir aux affaires pendant son voiage Madame la Mareschalle vostre femme sans doute vous en auroit informé comme aussy du combat perdu par Mr le maréchal de Guiche.

De Noyers à Guebriant : Fontainebleau, le 6e aoust 1642. J'avois differe de faire response a vos dernieres jusques au retour de Me de Guebriant d'auprès de Son Eminence...

Je vous fais part de la bone reception que S. M. luy fit hier lorsquelle le remercia dans ce beau palais des graces qu'elle vous a conférées. (Papiers de Rotrou.)

Quand le Roi abandonne à Guebriant les généraux ennemis prisonniers, Lamboy et le comte de Laudron, c'est la maréchale qui surveille attentivement le paiement de leur rançon. Malgré les ordres que donne la maréchale à son secrétaire « de luy mettre la poudre à l'euil », Lamboy fait des difficultés, et ne veut pas payer les cent cinquante mille livres exigées par madame de Guebriant : il n'a pas été général en chef, dit-il, mais simplement général d'artillerie[1] ; donc il doit être taxé moins haut, sinon il aimerait mieux rester mille ans au bois de Vincennes (lettre de Rotrou du 28 avril 1643) ; enfin, chacun faisant des concessions, le marché se conclut, non sans de grandes précautions prises par madame de Guebriant :

C'est aujourdhuy que monsieur de Lamboy doit recevoir la dernière de ses lettres de changes, et jusques a ce qu'il ayt fourny son argent a bon comte, Madame est bien resolue de ne luy point faire dellivrer de passeport. (Lettre de Rotrou au maréchal, Paris, 9 sept. 1643.)

On voit que la maréchale était une maîtresse femme ; en quelques lignes, M. Albert Vandal a tracé d'elle un portrait véritablement achevé : nous y renvoyons nos lecteurs (*Un mariage politique au* XVIIe *siècle*, p. 678, de la *Revue des Deux-Mondes* du 1er février 1883). Qu'importe maintenant qu'elle ne sût pas l'orthographe,

[1] Dans les armées allemandes le grade de général d'artillerie venait immédiatement après la dignité de général en chef. Les papiers de Rotrou contiennent un échange de lettres entre Guebriant et Mercy, dans lesquelles se trouve fixée pour l'avenir la rançon des officiers français : M. de Tracy, M. de Roqueservière, et autres encore, sont taxés d'avance. A eux de se bien tenir, et de ne pas se laisser prendre !

qu'elle écrivît : dans *quinses jours, sil niest, Monsieur lanprie, mes besemins, faire les chausses neseseres, de mon cauday*, etc. Qui donc mettait l'orthographe au XVIIe siècle ? Ce n'était pas Pascal assurément [1]. Et quelques siècles auparavant ce n'était pas Homère non plus, puisqu'on prétend même qu'il ne savait pas écrire... La maréchale n'en était pas moins un des esprits les plus fins et les plus déliés de son époque, et fort habile, à défaut de la plume, à manier l'art de la parole (cf. la *Relation du voyage en Pologne*, où elle donne des audiences, porte des toasts et fait de véritables discours).

Madame de Guebriant mourut à Périgueux le 2 sept. 1659. En 1650, elle avait fait à Brisach une singulière expédition. Dans sa généalogie de

---

[1] Dans sa Préface des *Pensées* de Pascal M. Auguste Molinier reproche à M. Faugère « de n'avoir pas reproduit » l'orthographe du manuscrit original, pourtant si regu» lière... » Voici quelques exemples que nous transcrivons, » en ouvrant par hasard ces deux volumes : « *aler, sotise,* » *qu'il apreane, l'indiference, sans resource, combatue, des* » *goutes dans ces venes ; bellier, je souhaitte, appeller, con-* » *duitte, moralie, il a deffandu, dittes-vous, ils leur actri-* » *buent ; la reigle, qu'il face, califier, un coing du monde,* » *misteres, négligant, simpaties, antipaties, pironiens ; non-* » *breux, inperceptible, conposer, inpossible ; les tableaux veux* » (vus) *de trop loin ; o, qu'il a esclatté aux esprits !*... etc... » Pascal et la maréchale de Guebriant sont bien de la même école. — Un siècle plus tard encore, Voltaire ne dira-t-il pas : « Ecrivez *philosophie* ou *filosofie*, comme il vous » plaira » ? (Voir le livre de Didot sur l'orthographie française.)

la maison des Budes, Le Laboureur (p. 101) fait le plus grand éloge de sa prudence et de sa générosité dans cette occasion pleine de périls. Malheureusement il ne donne aucun détail sur cette mystérieuse affaire, et je ne connais encore, pour en parler, qu'un passage des mémoires de la duchesse de Nemours[1]. Le récit est étrange ; la maréchale, pour s'emparer de Brisach, aurait eu recours à certains procédés qui rappellent un peu l'escadron volant de Catherine de Médicis. Après la mort du colonel d'Erlach, gouverneur de Brisach un nommé Charlevois (Charlevoy ou Charlevoye) se trouva maître de la place, par le grand crédit qu'il avait dans la garnison. On craignit qu'il ne traitât avec l'Empereur. La maréchale de Guebriant fut envoyée pour s'emparer de sa personne. S'il s'agit ici de M. de Charlevois, ancien aide de camp dans l'armée de Guebriant (voir la note 2 de la p. 71), officier distingué que Mazarin, le 29 avril 1649, recommandait chaudement à M. de Turenne, l'imbroglio devient encore plus piquant. Madame de Guebriant, continue la duchesse de

---

[1] *Mémoires de M.L.D.D.N.*, *Cologne*, *MDCCIX*, Collection Michaud et Poujoulat, 2e série, t. IX, p. 654. Voir aussi dans le Dictionnaire de Bayle, qui les discute et les combat (t. III, p. 151), les deux récits en latin, de Priolo et de La Barde. D'après Priolo, la maréchale serait morte de dépit, en 1659, en apprenant que Charlevois était rentré en grâce.

Nemours, arriva à Brisach avec une demoiselle des mieux faites. Charlevois aimait passionnément les jolies femmes ; la maréchale attira Charlevois et la demoiselle complice, dans une maison en dehors de la ville, où tout était préparé pour son arrestation. Le comte d'Harcourt fut alors chargé de recevoir la ville de Brisach au nom du Roi.

Ce récit de la duchesse de Nemours est sujet à caution : non pas d'ailleurs que madame de Guebriant ne fût capable d'inventer et d'exécuter quelque stratagème. Ne verrons-nous pas, quelques années plus tard, l'austère Catinat arriver à Pignerol déguisé en prisonnier d'État, prendre jour avec l'abbé d'Estrades, dans une hôtellerie près de Turin, y attirer Mattioli, faire entrer des dragons à un signal convenu et bâillonner à tout jamais celui qui va devenir l'Homme au Masque de Fer[1] ? Laissons donc à la maréchale de Guebriant la gloire d'avoir reconquis par son habileté cette ville de Brisach, conquise une première fois par les armes de son mari. Songeons aussi de quelle importance était pour la France la possession de Brisach. N'est-ce pas avec ce mot magique que Richelieu ranimait un instant le Père Joseph à l'agonie ?

---

[1] Camille Rousset, *Histoire de Louvois*, t. III, pp. 104 et 111.

En somme, nous serions tenté de comparer, toutes proportions gardées, cette femme supérieure, à la duchesse de Marlborough : mêmes capacités, même entente des affaires, même énergie, mêmes aptitudes en politique et même assistance prêtée à son mari en campagne[1].

VII

Les deux figures les plus originales que nous font connaître les papiers de Rotrou, après les trois personnages que nous venons de voir, sont celles de Sublet De Noyers, ministre de la guerre, et de M. de Tracy, commissaire général de l'armée de Guebriant. Rien n'est plus aimable, rien n'est plus fin, plus délicat dans les pensées, et plus agréablement tourné, dans les expressions et les formules, que les lettres de De Noyers. Il y montre une connaissance profonde des caractères et un rare esprit d'observation.

Il écrivait, du reste, avec une grande facilité, si nous en jugeons par les nombreuses lettres

---

[1] Voir un intéressant article de Mme Dronsard sur la duchesse de Marlborough, dans la *Revue des Deux-Mondes*, du 1er septembre 1882.

autographes que renferment les papiers de Rotrou. Ces lettres originales étaient en même temps des minutes. Ce ne sera pas un détail puéril d'ajouter ici que dans ces lettres longues souvent de deux ou trois pages, la poudre de bois, que le ministre jetait sur l'encre fraîche, adhère encore au papier. Nous avons lieu de croire que les papiers de Rotrou en possèdent dans la plupart des cas, les exemplaires uniques.

Voici seulement l'indication de quelques-unes d'entre elles sur lesquelles nous appelons dès aujourd'hui l'attention.

Chailliot, 26 juillet 1636.

Amiens, 12 octobre 1636.

Ruel, 7 mars 1638 — Une seule phrase de cette lettre est insérée par Le Laboureur.

Ruel, 28 juin 1638.

Ruel, 9 novembre 1638.

Ruel, 2 décembre 1638.

Soissons, 18 mai 1640 : premier exemplaire tout entier de la main de De Noyers.

Soissons, 18 mai 1640 : second exemplaire, de la main de Ratabon, avec cette mention en tête, de la main de De Noyers : « double ». Il faut supposer ici que l'ami Ratabon aura remis, en 1640, à Rotrou, pour qu'il en prît connaissance, la copie que ce dernier aura gardée, et, qu'à la mort du maréchal, Rotrou aura trouvé dans ses papiers l'original envoyé jadis par De Noyers.

Ruel, 22 octobre 1640.

Amiens, dernier août 1641. — Le Laboureur, qui cite cette lettre, a omis un passage important relatif à un don de 10,000 écus fait au maréchal, et dont une partie a été remise à madame de Guebriant.

Rouane, 16 juillet 1642.

Fontainebleau, 6 août 1642.

Amiens, 31 décembre 1642. — Le Laboureur cite cette lettre ; mais il n'a pu se procurer l'interprétation des passages chiffrés qu'il indique par des parenthèses.

2 mars 1643. — Voici un fragment de cette lettre :

> Le Roy a été un peu indisposé, mais grâce a Dieu il se porte bien à présent. Je prie la divine bonté qu'il nous le conserve, car jamais état n'en eut tant de besoin, et jamais il n'y eut tant de mauvais esprit — mais Dieu les saura bien contenir... etc.

Donnons maintenant quelques témoignages de ces qualités aimables qu'on trouve à chaque instant dans cette volumineuse correspondance.

Quand De Noyers, au nom du Roi, prie M. de Guebriant d'accommoder M. de Montausier et le sieur de Mery, avec quelle sagesse il lui trace sa ligne de conduite ! C'est également un trait de mœurs finement observé que d'ajouter en cette affaire que le Roi sera fort heureux sans doute d'être tenu au courant et informé du succès des démarches, mais plus aise encore « den apprendre la nouvelle que l'histoire de leur demeslé [1]. Très prudent, ne voulant rien précipiter, donnant aux gens pressés le salutaire conseil « de cueillir les » fruits dans leur maturité » [2], il sait faire luire aux yeux de ses amis de légitimes espérances, et retenir habilement dans le devoir d'utiles serviteurs :

> Vous serés fasché contre votre serviteur, écrit-il à Guebriant le 22 octobre 1640, quand vous apprendrés la continuation de votre ostracisme et que vous verrés des despeches d'une main amie qui vous portent une nouvelle si contraire a vos desirs. Mais apres tout quand vous considererés le grand chemin que vous avés faict, et combien il reste peu jusques au port Je massure que vous prendres facilement la resolution convenable a votre generosité et au bien de votre maison suivant les advis de vos amys et serviteurs... (Papiers de Rotrou.)

Votre générosité ! un beau mot, qui conserve ici toute sa force primitive. De Noyers, dans une autre circonstance, y ajoutera un adjectif qui

---

[1] C'est la lettre datée de Mouchy, le 27 septembre 1638, dont Le Laboureur ne cite que les premières lignes, p. 84. Nous la donnerons en entier, à son rang. Guebriant parvint à réconcilier les deux officiers et à conserver au service du Roi de bons serviteurs, car nous les voyons se battre fort rudement, côte à côte, contre l'ennemi commun, dans les lignes devant Brisach.

[2] Lettre à MM. de Guebriant, de Choisy et d'Oysonville, « Tournuz, ce 12e septembre 1639. »

semble fait tout exprès et dira : la *générosité française !*

Monsieur, le collonel Henderson escossois qui s'est rencontré parmy vos prisonniers de la deffaite de Lamboy ayant traitté fort civillement et assisté avec grande courtoisie quelques officiers du régim. de Douglas qui tomberent en ses mains a la journée de Sedan, jestime quil est de la génerosité françoise de luy departir pareilles faveurs pendant sa detention... Narbonne 6° avril 1642. (De la main de Ratabon. — Papiers de Rotrou.)

Avec son ton un peu patelin, avec le soin qu'il prend toujours d'envelopper les traits qu'il lance, il a parfois de la malice et de la bonne humeur. Lorsque Guebriant traverse le Bassigny pour se rendre en Allemagne, les chevaux et les charrettes promises ne seront pas prêts à temps, parce que « ces sortes de gentz auxquels il faut que M. le » Grand Maître se fie de la levée des chevaulx » sont gentz qui tiennent un peu de l'animal des- » quels l'on prend ce que l'on peult. (Du 7e mars à Ruel). » Et ne quittons pas cette lettre encore sans transcrire la jolie phrase qui la termine :

J'ay doné ordre à mons. Gargan pour vous faire fournir des bleds a Langres ainsy que le désirez et tascherai de ne rien obmettre de tout ce qui pourra servir a vous doner les moiens d'aquerir de l'honeur et de la réputation puisque quand les interets publics se trouvent joinctz avec ceux d'un amy il est permis de les embrasser comme les siens propres.

Ajoutons que Sublet De Noyers était un honnête homme, un ministre scrupuleux, ménager des deniers du Roi. Nous en aurons la preuve dans bien des passages :

Pour ce qui est du marché du pain de munition arresté par mon neveu doisonville vous le garderez autant que vous y trouverez le compte du Roy et non plus. (Ruel, 28 Juin 1638 à Guebriant [1].)

Avec M. de Tracy, le tableau change : quelle vivacité, quel feu, quel salpêtre !

Pour moy qui ne suis pas courtisan je scay que jecrits et parle trop librement mais en verité il seroit impossible de retrancher cette franchise de la nayveté picarde, tous mes amis men ont fait reproche mais ie suis un opiniastre. Je l'advoue (Lettre à Rotrou, du camp d'Holtum, 7 sept. 1642.)

M. de Tracy enrageait de voir tant d'irrégularité dans les envois d'argent. Une de ses lettres est particulièrement belle dans son irritation et dans son désespoir. Elle est datée de Brisach, du 14 juin 1643.

---

[1] De Noyers, après sa disgrâce, resta surintendant des bâtiments. Son brevet est à la Guerre (13 septembre 1638). Ce n'est pas lui qui eût « enfourné la guerre du Palatinat » à l'occasion d'une fenêtre à Trianon ! Certains biographes l'accusent d'avoir détruit des peintures de Michel Ange. D'autres le félicitent d'avoir inventé le Poussin (Gandar, *les Andelys et Nicolas Poussin*, pp. 71, 95).

Je vous diray que cet ce moquer de M. le Marechal et de moy de me mander qu'on repreigne des sommes sur les 50,000 écus envoyés par deça pour la fourniture des bleds. J'ay emprunté de toutes parts meme chez les vivandiers. J'ay de plus mis ma vayselle en gage pour ayder a acheter pour plus de 22,000 l. de chevaux d'artiglerie. les officiers généraux, mesme jusques à M. de Roqueservieres me font pitié ils leur est du 6 mois et nont pas touchés un sol leur esquipage est reduit au tiers de ce qu'il estoit et par conséquent il fault que le reste perisse. Dans la campagne nos officiers d'infanterie ce peuvent veritablement appeler piétons puisque hors les mestres de camp on nen verra guerres a cheval. Pour conclusion monsieur, sy vous ne me faites envoyer droit a Schafausen et en toute diligence par un courier exprès les 3,500 pistoles demandées etc... je vous déclare franchement et nettement que je quitteray et que ceux qui comme moy ne craignent rien ayment mieux perdre la fortune que de hazarder l'honneur. Je sais que je suis mauvais courtisan d'ecrire a M^{r} le tellier avec tant de liberté mais j'ayme mieux estre brouillé que l'on me puisse reprocher un jour l'armée venant à ce ruyner que je nen aye point donné advis. Je n'ay jamais seu ce que cétoit quintheret et ne veux pour quoy que ce puisse estre hazarder le service du mestre de quy je fais les affaires, ni mon honneur. (Papiers de Rotrou.)

Une autre fois, il écrit encore dans le même sens :

Si javois eu autant de retenue a mengager que que l'on en a pour envoyer de l'argent de desa il fauldroit avoir de bonnes lunettes pour trouver un fantassin dans l'armée. Schaffausen 13e juillet 1643.

Il semble en vérité que M. de Tracy rendait

ce pauvre Rotrou responsable de tous ses ennuis. Bien souvent Rotrou le laissait écrire et ne répondait rien :

Je veux croire quapres dix sept lettres que je vous ay escript je pouray espérer une reponce de vostre courtoisie. à Basle ce 6e may.

Les discussions cependant étaient encore trop fréquentes ; elles ont continué même après la mort du maréchal. Il s'agissait de faire ordonnancer les appointements qui, dans les derniers temps, n'avaient pas été payés. Voici du moins la dernière lettre un peu vive qu'inspira à M. de Tracy sa naïveté picarde :

A Monsieur de Rotroux, pres madame la mareschale de Guebriant. A Paris, ce 21e febvrier 1644. Monsieur, jay resu vostre lettre du 8e febvrier pour reponce ie vous diray que je les feray mais M. Guilloire qui est de retour vous escrit qu'il ne peut en nulle maniere acquiter les ordres de Mr de Turenne et les miens qu'il n'y en ait un du Roy attendu que Mr de Turenne ne peut pas ordonner des apointements de personnes mortes... il net pas besoing monsieur des belles paroles que vous me donnes dans vostre lettre de la part de madame la mareschalle pour mobliger a la servir. Je scay ce que je dois a la memoire de feu M. son mary par consequent treve a tous compliments [1].

---

[1] Il est question de M. de Tracy dans une note de Conrart qui le montre soupirant pour la belle Anne-Geneviève

Au demeurant ils restaient bons amis. La bourrasque passée, de Tracy n'y pensait plus : de Rotrou, lui, n'y avait jamais pensé ! Bien des lettres de son fougueux correspondant, écrites presque dans le même instant, sont pleines des plus sincères protestations de dévouement et d'amitié. Quand il écrit à Rotrou, au moment où le comte de Guebriant vient d'être nommé maréchal de France, il déplore la perte « de ce pauvre M. de Lermores » (Cf. page 45 la lettre de Roqueservière) ; et il ajoute cette phrase touchante :

> Je ne puis me remettre de la joye de nostre mareschaussée, et ne puis oublier la perte de mes chers amis ; de Nuys ce 27e apvril 1642.

Je me figure, aux environs de 1668, ces deux

---

de Bourbon, seconde femme de Henri II d'Orléans ; dans les mémoires de Balthazar (p. 335, édition elzévirienne), et dans les lettres de Chapelain dont voici des passages « 8 janvier, au duc de Longueville ; Mgr, les extraordinaires » langueurs desquels on tient deça M. de Tracy, nonobs- » tant ses assidues et violentes sollicitations... » — « 3 fé- » vrier ; M. de Tracy, qui part d'icy, après avoir languy et » fatigué près de deux mois dans la sollicitation de vos » affaires. » Année 1640 : édition Tamizey de Larroque.

On peut se faire une idée de ce que devait être l'impatience de M. de Tracy, et du montant qu'il devait donner « à ses assidues et violentes sollicitations ». On a vu plus haut également une appréciation de Grotius assez piquante. Le Dépôt de la Guerre (vol. 69, folio 284) possède la minute d'une lettre du Roi informant Guebriant qu'il a accordé à M. de Tracy la charge de colonel du régiment de cavalerie étrangère.

vieux camarades : de Tracy, âgé de 73 ans ; de Rotrou, entrant dans sa 53e année, réunis un jour par le souvenir de Guebriant et, parlant du temps passé, de leurs campagnes en Allemagne, de leurs discussions, de leurs aventures, puis se racontant, l'un à l'autre, les derniers incidents de leur vie ; de Rotrou parlant de son voyage en Pologne, en Hongrie et en Italie ; de Tracy, de sa brillante campagne au Canada. Comme l'observateur que Fontenelle suspend dans les airs, en sa *Pluralité des Mondes,* ils passent en revue toute une moitié du globe ; l'un avait fumé le calumet sous la tente des Peaux-Rouges ; l'autre avait assisté, dans la salle du festin du palais de Varsovie, à un dîner nuptial, auquel l'ambassadeur de Moscovie n'avait pas été admis, à cause de la barbarie de sa nation, de ses mœurs étranges et de son humeur farouche[1] ; de Tracy ajouta qu'il avait vu des chefs indiens se peindre le corps en bleu et en rouge avant de partir pour la guerre, et mettre sur leur tête d'énormes coiffures en plumes d'oiseaux. Rotrou répondit qu'il avait chevauché à côté de magnifiques seigneurs vêtus d'habits de velours doublés de peaux de panthères, et coiffés de bonnets avec des plumes

---

[1] *Histoire et relation du voyage de la Royne de Pologne et du retour de madame la marechalle de Guebriant*, par Jean Le Laboureur, p. 194.

de héron attachées par des agrafes de diamants de 30,000 écus de valeur ; qu'il avait dîné non loin d'une Reine servie par un grand écuyer tranchant, lequel avait devant lui des piles d'assiettes en vermeil, et passait sur chaque plat, avant de le poser sur la table, un morceau de pain qu'il portait ensuite à sa bouche, et qu'il jetait à ses pieds dans une corbeille d'argent — ce qui n'en donnait pas plus d'appétit pour cela à la Reine ; qu'à Dantzick il avait vu un gros rustre de valet hollandais conquérir le droit si envié de bourgeoisie, en grimpant à un mât de cocagne d'une prodigieuse hauteur, au bout duquel il fallait détacher un habit rouge ; et quand M. de Tracy expliqua les dogmes, et la foi des sauvages en leur manitou, son interlocuteur lui raconta qu'il avait vu pendant le carême, à Varsovie, les gens du peuple parcourir les rues en se fouettant et se flagellant jusqu'au sang ; hurler et se coucher ventre à terre ; s'escourger de nouveau l'espace d'un *Miserere,* et se faire des plaies à y fourrer les doigts ; et d'autres se promener avec des flambeaux de poix, des frocs semés d'ossements, et des capuchons percés de deux trous pour la vue[1]... Et je m'imagine alors que, dans cet échange d'impressions si variées, le voyageur qui

[1] Jean Le Laboureur, *Histoire et relation du voyage en Pologne*, pp. 107, 143, 152, 168.

raconta les choses les plus extraordinaires ne fut peut-être pas celui qui avait vu des Iroquois! Enfin je les vois, revenant aux souvenirs de leurs premières années, et relisant ensemble, avant de se séparer, les paquets de lettres que nous sommes en train de copier aujourd'hui.

C'est en effet le côté moral, l'étude des caractères et des mœurs d'une époque, et cette longue intimité avec des témoins d'un autre âge qui nous séduit dans ces papiers, plus encore que l'éclaircissement d'un fait matériel ou d'une date. Quels étaient sous l'ancien régime, la vie de ces armées, l'attitude de ces troupes, les intérêts et les mobiles de leurs chefs? De tout cela il existe sans doute des peintures saisissantes : c'est dans l'Oraison funèbre de Turenne, par Fléchier, le morceau qui commence ainsi : « Car Messieurs, » qu'est-ce qu'une armée? C'est une multitude » d'âmes, pour la plupart viles et mercenaires, » etc. »; ou bien, un siècle plus tard, dans l'Eloge fait par Voltaire des guerriers morts pendant la guerre de la succession d'Autriche, le passage qui finit par ces mots : « Pris chacun » à part, dans l'enivrement de leurs frénésies » brutales, c'est la lie des nations »; tout récemment on a pu lire la description des *Tercios viejos* et des soldats de la guerre de Trente ans, par M. le duc d'Aumale; enfin les horribles scènes de la vie des camps ont été replacées sous nos yeux, dans la thèse récente de M. F. Antoine sur le *Simplicissimus* de Grimmelshausen, un témoin d'autant plus intéressant celui-là, qu'il fit précisément campagne dans un de ces régiments hessois qui causèrent quelques tracas au maréchal de Guebriant. Mais comme ce sombre tableau s'éclaire et se relève, dans Voltaire, par le portrait de l'officier, et avant tout, de l'officier français ; de cet être aimable et spirituel, « idolâtre de son honneur et de celui de son souverain, et qui brave de sang-froid la mort avec toutes les raisons d'aimer la vie » ! Les papiers de Rotrou ne sont pas pour détruire ces impressions ; on s'y trouve en compagnie de gens sympathiques, qui expriment avec délicatesse les sentiments les plus généreux. Avec quel soin et quelle précision sont rédigées toutes ces dépêches, envoyés tous ces ordres ! Avec quel tact sont distribués le blâme et la louange ! Nous ne doutons point, écrivent MM. de Chaulnes et de Brézé à Guebriant, le 12 juillet 1636, « que vous ne fassiez tout ce que des gens de cœur et d'honneur peuvent faire dans cette occasion ». Il s'agit de défendre Guise ; et ils lui donnent une foule de prescriptions minutieuses. Ceci se passait à deux heures et demie après minuit, et de Brézé tenait la plume ; les deux généraux dorment peu : ils sont inquiets ; ils réfléchissent encore, reçoivent à leur tour d'autres avis, et à quatre heures du matin, avec la même fermeté et la même précision, ils expédient de nouvelles instructions : et ainsi de suite, et ainsi des autres.

Si quelque chose peut aider à détruire la légende, déjà fort ébranlée, d'un Louis XIII indifférent ou inactif aux affaires de l'État, c'est la prodigieuse quantité de lettres qu'il expédie à ses généraux. Tout part de cette main souveraine, depuis les ordres les plus importants, jusqu'aux prescriptions de détail les plus minutieuses :

Mons. le comte de Guebrian, je vous faicts cette lettre pour vous dire que je trouve bon que des deniers que je vous ay envoyez pour la monstre et autres despenses des trouppes que vous commandez pour mon service, vous fassiez payer les appointements de l'aumosnier, medecin, appotiquaire, chirurgien et sec^re et du prevost avec six archers qui servent près de vous, en donnant les ordres necessaires au commis du tresorier de l'extraordinaire des guerres chargé du dict fond, en vertu de la presente. Escrit à Guise le xxe Juillet 1639. (Papiers de Rotrou.)

Se faire lire pour le moins tous ces documents, en tout lieu et en tout temps, à Paris, à Versailles, à Chantilly, à Saint-Germain, à Amiens, à Corbie, à Narbonne, à Perpignan, etc., cela devait être déjà un grand travail. Plus heureux que le Cardinal, qui, parfois, ne pouvait signer « à cause » de l'incommodité de son bras », Louis XIII a signé sans interruption, et jusqu'à son lit de mort. C'est de lui que M. Camille Rousset eût pu dire qu'à défaut d'un autre rôle il exerça au moins, dans son royaume, le très actif « ministère de la signature [1] ». Mais cette activité produisit de grands effets : en voyant se succéder, sans relâche, tous ces ordres prévoyants, ces instructions, ces lettres, ces mémoires, on est saisi d'admiration et de respect, pour cette vieille monarchie française qui, prenant des hommes si près encore de leur rudesse primitive et de leur férocité native, façonnait ces cœurs altiers et assouplissait ces âmes féodales, au point de pouvoir les employer au service d'une politique, dont on ne comprend bien qu'à distance les généreux mobiles et les savantes combinaisons ; inspirait à tous ces gentilshommes des idées si élevées et des sentiments si nobles, les faisait accourir, comme disait Henri IV, avec leurs châteaux et leurs moulins en croupe ; faisait naître en eux la passion de l'honneur, et leur donnait en même temps un aussi solide vernis d'honnêteté. Une chose qui surprend, c'est de voir comment la machine, malgré tant d'accidents et de frottements, pouvait fonctionner encore aussi régulièrement ; quelle force de résistance elle possé-

[1] Bien souvent, toutefois, celui même qui écrivait la lettre faisait la signature. C'est ainsi que nous trouvons au Dépôt de la Guerre la signature du Roi sur des minutes raturées.

dait, quels rouages solides elle opposait à tous les chocs, comme ces lourds carrosses de l'époque qui s'embourbaient bien souvent, mais qui finissaient toujours avec leurs grosses roues, leur fort timon et leur vigoureux attelage par sortir de l'ornière.

VIII

Nous n'avons pas encore montré, preuves en mains, tout ce que l'historien du maréchal de Guebriant, Jean Le Laboureur, doit à celui qui avait recueilli les papiers et mis en ordre les archives de l'armée d'Allemagne. Pierre de Rotrou est nommé sept fois dans l'ouvrage de Le Laboureur[1], et en bien des occasions, cet auteur indique qu'il emprunte tel ou tel document aux notes et aux mémoires laissés par Guebriant, ou aux papiers « du feu sieur De Noyers ». Non pas qu'il ait puisé à cette unique source ; il a interrogé aussi une foule d'autres témoins, causé avec les officiers, questionné, soit les bourgeois et les capucins de Brisach[2], soit le dernier confesseur

[1] Pages 429, 440. 441, 599, 625, 696, 718.

[2] Vu « le lieu ou une femme fut surprise déterrant et » démembrant le corps mort de son mary pour le manger

de Guebriant ; le sieur de Gauville, capitaine des gardes du Maréchal ; prié enfin plusieurs personnages importants, tels que Roqueservière, M. de Montausier, M. de Beauregard, de lui rédiger, en vue de l'ouvrage qu'il préparait, des relations circonstanciées. Mais il y a telle ou telle lettre citée dans cette Histoire, dont Le Laboureur n'a pu prendre connaissance qu'en feuilletant les papiers de Rotrou. Toutes les lettres, en effet, n'ont pas leurs minutes ou leurs duplicata. Où Le Laboureur aurait-il pris les deux billets écrits par le duc d'Anguien à Guebriant, avant et après le siège de Thionville, si ce n'est dans la collection où nous en avons vu les exemplaires autographes? Le père de Le Laboureur avait beau être bailli de Montmorency et intendant du Prince de Condé, il ne pouvait procurer à son fils des doubles qui vraisemblablement n'existent pas[1]. Même observation pour la lettre de Cinq-Mars

» avec ses enfants. « Cette page 98 de l'Histoire de Le Laboureur est très émouvante : elle est malheureusement déparée par ce méchant trait d'esprit : « Les bourgeois avaient » vescu de leurs chiens et de chats, et comme si cette qua- » lité de chairs les eut rendu participans et leur eust com- » muniqué la mesme nature, ils chassaient aux rats et aux » souris et autres animaux immondes. » Plus loin (p. 100) Le Laboureur a vu encore des choses bien singulières, à Brisach, notamment, un puits d'où tirent de l'eau, nouvelles Danaïdes, « les filles qui ne vivent pas avec assez de modestie, et leurs galants ».

[1] M. le duc d'Aumale cite l'une de ces deux lettres d'après Le Laboureur.

à Guebriant ; elle est, et elle n'est que dans les papiers de Rotrou. Même observation pour un certain post-scriptum relatif à l'agent Mockel, le protégé de Grotius (voir note 1 de la page 67 de cette *Introduction*). Le Laboureur a trouvé ce Post-Scriptum, dans les Papiers de Rotrou, en marge d'une lettre du colonel d'Erlach à Guebriant : seulement il en a corrigé l'orthographe, à sa manière[1]. Même observation aussi pour la lettre d'Henri de Lorraine, duc de Guise, demandant au maréchal de lui renvoyer quelques officiers prisonniers, et ce, à charge de revanche (Le Laboureur, p. 461). Même observation encore pour les innombrables réclamations des magistrats de Strasbourg. Le Laboureur en insère une partie dans son Histoire, d'après les papiers de Guebriant. Si ces suppliques existaient en double quelque part, ce ne pourrait être apparemment que dans les Archives de la Ville de Strasbourg, et on les verrait figurer alors dans la publication de M. de Kentzinger (*Archives de la ville de Strasbourg,* 1818); or cette publication ne renferme qu'un court mémoire des magistrats de

[1] Voici le texte exact :
« Vous scavez Monsieur que Mockel n'a pas commencé
» ses impertinences par la lettre qu'il vous à escrite, si
» vous voyiez celles qu'il at escrites apres la mort de S. A.
» et des termes et raysons dont il s'est servi. pour empes-
» cher les officiers d'entrer au service du Roy vous en
» seriez estonné, [la virgule finale est textuelle.] »

Strasbourg, à ce sujet[1]. Il n'est pas jusqu'aux lettres naïves de M. de L'Isle[2] envoyant au maréchal, pour l'aider à fêter dignement le duc d'Anguien « un coq bruant mis en paste », avec le grand regret de n'avoir pu rencontrer sa femelle ; ou de M. Walch, expédiant « trois ber- » ches, quatre carpes et cinq brochets », dont on ne puisse affirmer sans témérité que les papiers de Rotrou en possèdent l'unique exemplaire... Nous ne pousserons pas plus loin cette démonstration ; la seule chose qu'il soit utile de répéter, c'est que Le Laboureur a trop souvent modifié l'orthographe originale de tous ces documents et qu'aujourd'hui, entre deux systèmes d'orthographe, l'orthographe des originaux et celle de Jean Le Laboureur, notre choix ne peut être douteux.

IX

Cette question de l'orthographe originale ne laisse pas du reste, par certains côtés, d'être fort embarrassante, autant et plus même, ce qui

[1] Les *Mélanges manuscrits* de Clairembault contiennent de leur côté quelques réclamations adressées à la Reine Régente et à M. de Brienne (t. 389, folios 1055, 1059).

[2] Résident français à Strasbourg.

n'est pas peu dire, que la question de l'orthographe dans nos textes latins. Il est plus difficile qu'on ne pense de reproduire exactement un texte manuscrit. Que d'auteurs ne mettent par les points sur les i (je parle au propre, et non au figuré)! Combien de mots sont dépourvus d'accents! Que de lignes sans ponctuation! Quand on copie tout cela, il arrive d'abord que la main prévenue par d'autres habitudes, et l'œil lui-même, complice de la main par l'effet de je ne sais quel mirage, distribuent les accents et les points là où le texte n'en porte trace. En outre, le travail que l'on s'impose n'aboutit souvent qu'à vous faire accuser d'affectation puérile et d'exactitude pédantesque. Rotrou écrit presque toujours avec un double accent les mots *arméé, gardéé, aiséément, conservéé, apresdinéé*[1]. Le secrétaire du capitaine Bronckhorst surmonte tous les *u* d'une sorte d'apex recourbé. Ces particularités ne font-elles pas aussi bien partie de l'orthographe originale que la manière d'écrire les mots eux-mêmes? En ce qui concerne ces mots, le respect des fautes s'impose. Car ces fautes, si elles ne sont pas toujours très logiques, sont parfois

[1] Ce double accent, que nous avons retrouvé encore dans d'autres textes, soit dans les Papiers de Rotrou, soit à la Bibliothèque Nationale, dans le fonds français, indique vraisemblablement une prononciation particulière du mot. Raison de plus pour le reproduire fidèlement.

instructives et intéressantes. L'étude des fautes d'orthographe peut rendre physionomiste. Quand M. de Tracy est en colère il fait beaucoup plus d'erreurs que lorsqu'il est de sang-froid ; son orthographe, comme son esprit, a quelque chose de... mouvementé. Ce serait une grave inexactitude, à notre sens, que de le corriger ou de prendre, entre ses différents états psychologiques, une sorte de moyenne proportionnelle. Quand M. de Lamboy, un des généraux prisonniers de Guebriant, se débattant jusqu'à la dernière heure, afin de payer la moins forte somme possible pour sa rançon, écrit la lettre suivante :

A M. de Rotrou à Paris. Monsieur, je vous prie me tant obligere qué de me vouloir envoyere par le present laquaye le passeport que vous scavez pour (un mot illisible) se soir faire partir mon (un mot illisible) pour allere en flandre. Je suis extremement pressé par ce quung marçandt qui mavoït promis de me faire entre autre trouver 12 mil escus m'at manqué. Je faict tout mon possible pour trouvere l'argent affi de pouvoir contentere madame la marescalle de Guebriant et consequenment avoir le bon heur de sortir (un mot illisible) de sept prison qu'en attendant je demeure Monsieur, votre très humble serviteur Lamboy.

ou bien quand un habitant de Haguenau demande en ces termes à servir dans l'armée de Guebriant :

De hagueno ce 23 aust 1643. Monseigneur ie

supplie tres humblemant votre exselance daiouter foy ansque vous dira mon cousin decontre touchant lextreme pation que ie desservir sous lhonneur de vos comandemans vous asuran monseigneur que jagire come vostre esclave et que nores pas regret davanser une creature sy reconnoysante que moy qui nay ostre desir que deperir pour aquerir la qualité destre de vostre exselance...

si l'intérêt de ces deux lettres, prises en elles-mêmes, peut déjà paraître assez médiocre, qu'arriverait-il, si nous en retranchions les curiosités d'orthographe?

M. Tamizey de Larroque marque par un (*sic*) les fautes évidentes, dans les lettres de Chapelain. Tel est précisément le début de la lettre que nous avons citée ici dans la note 1 de la page 84[1]. Mais il modifie le texte original de son auteur de trois façons : 1° en introduisant des alinéas, dont Chapelain « a beaucoup trop mé- » connu les agréments »; 2° en multipliant les signes de ponctuation; 3° en ne poussant pas le respect des accents « jusqu'à la superstition ». Plus hardi, en éditant les Pensées de Pascal, M. A. Molinier 1° pour la ponctuation « en met le moins possible »; 2° pour l'accentuation, s'est

[1] Telle est encore cette phrase, p. 426 : « On a seigné » M. le Daufin pour ses dents desquels il se porte bien ». M. Avenel signale des mots que Richelieu écrivait d'une façon différente, à quelques lignes de distance ; et quand il s'agit des secrétaires, il adopte une orthographe uniforme se rapprochant de celle du Cardinal.

décidé « après quelques hésitations à n'en mettre » que là où l'absence de tout signe de ce genre » aurait pu devenir une gêne pour les yeux ». En conséquence il accentue le second *é* de *verité,* la préposition *à,* l'adverbe *où.* Mais il écrit : *le neant, l'indiference, veneration, particuliere, declarant, misteres, ces bons peres, lumiere, repandit, desiroit, resolurent, ils s'excuserent, prophetes, pecheurs, heresie, refuter, present, reelement,...* etc...

Nous comptons aller plus loin dans nos transcriptions : notre intention est de respecter tous les oublis, les caprices, les absences, les confusions, les abréviations, que nous présenteront les textes. Nous écrirons avec Rotrou : *arméé, aiséément, alheure presente,* avec M. de Montmartin : *siladelle, sattisfere, grammestre;* avec De Noyers : *les plaçes, un'affaire, auement* (*aucunement*), *affion* (*affection*), *vre* (*votre*); avec Chavigny : *pûssent, je m'assûre;* avec le duc de Chaulnes : *chôze;* avec la maréchale de Guebriant..... mais nous en avons déjà parlé !...

Les noms propres de localités, rendus souvent méconnaissables ; les noms propres de personnes écrits avec mille variantes, offrent d'autres difficultés que nous ne chercherons pas davantage à dissimuler : on trouvera donc, suivant les auteurs, *M. Hœff* et *M. Oef* (le banquier); *De Noyers, de Noiers,* et *Des Noyiers ; le Cte de Broë* ou *de Brouay; Aurange* et *Orange; armée dhitalie;*

de *Tracy* ou de *Trassi; Ramsau, Ransau, Rampsau; Anguien, Anguyen, Enguienne; Coulongne, Couloigne, Coulogne; Guebrian, Guébriand, Gue Briant, etc.*

X

Les descendants de Pierre de Rotrou, seigneur de Saudreville, se sont succédé jusqu'à nos jours en ligne directe. Le secrétaire de Guebriant, marié en 1649, avait eu six enfants, dont l'aîné, Jean-Baptiste-René de Rotrou[1], conseiller et secrétaire du Roi, comme avait été son père, mourut en 1712; ce fils aîné avait épousé une cousine de Chamillard.

1° Jean-Baptiste-René de Rotrou eut un fils, Michel-Chrétien, qui épousa Marguerite de Chaban Lafosse; et une fille qui fut mariée à Claude de Berthelot, marquis de Rambuteau; c'est la grand'mère du fameux préfet de la Seine dont

[1] Le maréchal de Guebriant s'appelait Jean-Baptiste, et la maréchale Renée. En donnant leurs noms à son fils, Rotrou a voulu honorer le souvenir de ceux qui avaient été. comme ils le disaient eux-mêmes, « ses plus véritables amis ». — Rappelons encore que la descendance du poète Jean de Rotrou s'est éteinte avec ses quatre enfants.

les lettres intimes que nous avons vues, toutes remplies d'esprit, et écrites avec la plus rigoureuse correction, ne s'accordent guère avec la légende.

2° Michel-Chrétien de Rotrou, petit-fils de Pierre de Saudreville, fut le père d'un fils aîné et de six filles.

3° François-Michel de Rotrou, fils du précédent, auditeur en la chambre des comptes, était né en 1736 et mourut en 1821 ; c'est lui qui prêta les portraits de famille dont s'est inspiré Caffieri pour composer le buste du poète qui orne le foyer du Théâtre-Français. Pendant la Révolution, il fut consigné et gardé à vue dans son château de Saudreville.

4° Jean-Baptiste-François de Rotrou, fils de François-Michel, et par conséquent quatrième descendant du secrétaire de Guebriant, naquit en 1770 et mourut le 24 février 1848. Ses deux fils MM. Michel et Ernest de Rotrou forment le cinquième degré de cette généalogie.

5° L'aîné, M. Michel de Rotrou (né le 15 décembre 1797), figure avec ses deux fils, en tête de cette publication dont nous les avons priés d'accepter l'hommage. Le cadet, Ernest de Rotrou, est mort en 1856.

6° Les descendants au sixième degré de Pierre de Rotrou de Saudreville sont : I. les deux fils de M. Michel de Rotrou : M. René de Rotrou, ancien enseigne de vaisseau, qui, en cette qualité, participa à la prise des forts du Peï-ho en Chine, à la prise de Mytho en Cochinchine, et à la défense de la batterie de Saint-Ouen, pendant le siège de Paris; et M. Saint-Remy de Rotrou, que ses campagnes en Océanie, sur la côte occidentale d'Afrique, dans la Baltique en 1870, et bientôt après dans l'armée de la Loire (Marchenoir, Freteval, le Mans, le Bois d'Evron), ont conduit rapidement au grade de lieutenant de vaisseau, en attendant que ses récents voyages et ses croisières en Chine, au Sénégal et les services rendus dans l'expédition de la Haute-Casamance le désignent pour un grade supérieur. — II. le fils d'Ernest de Rotrou, M. Hubert de Rotrou, receveur de l'Enregistrement.

7° Les trois enfants de M. Saint-Remy de Rotrou — dont un fils, âgé de 9 ans, Maurice, — représentent aujourd'hui le septième degré de cette descendance.

Les armes de la famille sont les mêmes que celles que nous avons décrites plus haut (note 1 de la page 43) d'après les cachets de Pierre de Rotrou, encore adhérents à ses lettres.

Nous ne terminerons pas cette *Introduction,* sans donner un souvenir à deux autres enfants de M. Michel de Rotrou. L'un Albert de Rotrou, est mort en 1874 : engagé volontaire en 1870, il fut un des combattants de Champigny et de Buzenval. L'autre, religieuse de l'ordre de Saint-Vincent-de-Paul, après avoir fait campagne elle aussi (en Asie mineure), continue à Paris, sous le vocable de sœur Louise, l'œuvre à la création de laquelle la sœur Rosalie a attaché son nom.

Enfin je manquerais à un autre devoir, si je ne remerciais pas mon jeune et savant ami, dont le nom est deux fois cher à l'Université, Alfred Coville, de m'avoir accompagné dans une première visite aux papiers de Rotrou.

4 octobre 1883.

FIN DE L'INTRODUCTION.

APPENDICE

CONTRIBUTION
A L'HISTOIRE DE L'*HYPONCONDRIAQUE*
DU *VÉRITABLE SAINT-GENEST*
DU *VENCESLAS* ET DU *COSROÈS*
DE JEAN DE ROTROU

APPENDICE

Il a été assez de fois question, dans les pages qui précèdent, du frère aîné de Rotrou de Saudreville, Jean de Rotrou le poète, pour que nous puissions parler de lui sans que la transition paraisse trop forcée.

Alors même qu'un sujet d'études a cessé d'être la première de vos préoccupations, on ne laisse pas de rencontrer sur son chemin quelques nouvelles indications. C'est ce qui nous est arrivé, notamment pour *Saint-Genest, Cosroès, Venceslas* et pour l'*Hypocondriaque*. Nous devons ces documents nouveaux à d'éminents critiques, et nous nous empressons de les réunir ; c'est ce que les Anglais appelleraient des copeaux d'atelier : *ships of french workshops*.

LE VÉRITABLE SAINT-GENEST.

Ceux qui ont bien voulu lire notre précédente *Histoire du Véritable-Saint-Genest* se rappellent peut-être que nous y avions signalé l'origine, jusque-là inconnue, de cette pièce. Mais dans le *Fingido Verdadero,* de Lope de Vega, l'acteur Ginès imite un chrétien qu'on va baptiser, et c'est pendant la représentation d'une cérémonie de baptême que l'acteur est frappé de la grâce, au moment solennel. Dans Rotrou, l'acteur Genest ne représente plus la cérémonie d'un baptême ; c'est un martyre chrétien, le martyre d'Adrien, ou du moins le commencement de ce drame, qu'il joue avec ses camarades, jusqu'au moment où frappé de la grâce à son tour, il achève la tragédie pour son propre compte.

Ce martyre d'Adrien, cette première pièce encastrée dans la pièce elle-même, et qui remplit les trois premiers actes du *Véritable Saint-Genest,* d'où provient-elle ? Rotrou l'avait-il construite à lui seul en s'inspirant uniquement du texte de quelque hagiographe ? Ou bien l'avait-il imitée d'une autre pièce, réunissant et fondant ainsi deux ouvrages en un seul? Nous en avions la présomption ; mais nous n'avions pas eu le bonheur d'en découvrir la preuve certaine ; nous ne pûmes exprimer à ce sujet qu'une simple conjecture : « Rotrou, disions-nous, pourrait bien » avoir imité deux pièces dans le *Véritable Saint-* » *Genest ;* l'une qui nous est connue, l'autre qu'il » resterait à découvrir. Ce mélange de plusieurs » pièces en une seule est très visible dans l'*Her-* » *cule mourant,* dans *Antigone,* et dans *les Sosies* » dont le prologue est emprunté au répertoire tra- » gique, (à l'*Hercules furens* de Sénèque). C'é- » tait un procédé cher à Térence ; les anciens » appelaient cela *contaminare fabulas*. Rotrou » a dû en user plus souvent encore que nous ne » pensons. » (*Histoire du Venceslas de Rotrou,* p. 33.)

Grâce à M. Emile Deschanel, qui de son côté ignorait notre analyse du *Fingido Verdadero,* nous savons maintenant à quelle source Rotrou a puisé le martyre d'Adrien, cette première partie du *Véritable Saint-Genest,* cette première pièce du diptyque chrétien.

Le martyre d'Adrien, nous apprend M. E. Deschanel, dans son livre intitulé *le Romantisme des Classiques* (p. 269), est emprunté à une tragédie latine du jésuite Louis Cellot.

Nous pouvons donc maintenant, grâce à l'éminent professeur du Collège de France, remonter à cette source, et dire à notre tour quelques mots de l'ouvrage du révérend Père.

Voici d'abord le titre du volume, qui du reste n'est pas très rare : *Ludovici Cellotii parisiensis e societate Jesu opera poetica. Parisiis apud Sebastianum Cramoisy MDCXXX.*

La première pièce de ce volume est précisément la tragédie en cinq actes de *Sanctus Adrianus Martyr*. Ce sont les trois premiers actes que Rotrou a transportés dans son *Véritable Saint-Genest :*

1° Adrien, zélé persécuteur de la foi, est devenu chrétien. Colère de l'Empereur ; efforts et menaces pour lui faire abandonner son erreur.

2° Natalie, secrètement chrétienne, se fait connaître pour telle à son mari. — Félicitations et encouragements réciproques.

3° A un certain moment, Natalie, apercevant son mari, pour un instant débarrassé de ses liens, s'imagine qu'il a faibli et abandonné sa foi. — Reproches suivis d'explications et de nouveaux encouragements.

Ici Rotrou abandonne Cellot et revient à Lope de Vega : Genest qui représentait Adrien jette son masque de théâtre.

Nous n'avons plus maintenant qu'à transcrire quelques-uns des vers latins que le poète français a fait passer dans son œuvre. Ces emprunts sont nombreux ; nous ferons un choix, et nous laisserons à nos lecteurs le soin d'apprécier le caractère des imitations de Rotrou.

C'est d'abord tout le commencement du rôle que récite avant la représentation, et que débite devant les Césars et la Cour, l'acteur Genest :

Ne délibère plus, Adrien, il est temps
De suivre avec ardeur ces fameux combattants :
Si la gloire te plaît, l'occasion est belle ;
La querelle du ciel à ce combat t'appelle ;
La torture, le fer et la flamme t'attend ;
Offre à leurs cruautés un cœur ferme et constant ;
Laisse à de lâches cœurs verser d'indignes larmes,
Tendre aux tyrans les mains et mettre bas les armes ;
Offre ta gorge au fer, vois-en couler ton sang,
Et meurs sans t'ébranler, debout et dans ton rang.

Adriane, jacta est alea : athletam Dei
Profiteris auctoratus, et forti voves
Servire domino : macte, vinciri imminet,
Uri, necari : gravius et si quid jubet
Orci lanista, pectus addictum offeres.
Aliis locatas tendere ad populum manus,
Submittere arma, pollicis mitem licet
Statum rogare ; te decet jugulum dare
Totumque ferrum recipere, et stantem mori.

Dans tout ce monologue Rotrou suit pas à pas le texte latin :

J'ai vu tendre aux enfants une gorge assurée
A la sanglante mort qu'ils voyaient préparée,
Et tomber sous le coup d'un trépas glorieux
Ces fruits à peine éclos, déjà mûrs pour les cieux,

Vidi haud suo pallere tortorem metu :
. . . . *colla cum immotus gradu*

Præberet infans, atque vix lethi capax
Victrice tenerum laurea impleret caput.
Hæc virgo potuit, potuit in vitæ puer
Limine, Deo maturus.

Le regret, et le souvenir de Natalie nous semblent même exprimés d'une façon plus touchante dans l'auteur latin :

Un seul bien que je perds, la seule Natalie,
Qu'à mon sort un saint joug heureusement allie,
Et qui de ce saint zèle ignore le secret,
Parmi tant de ferveur mêle quelque regret.
Mais que j'ai peu de cœur, si ce penser me touche !
Si, proche de la mort, j'ai l'amour en la bouche !

. . . . . *Unum est quo latus*
Nudare vereor : socia genialis tori
Natalia ardet veneris innocua face.
Adriane amat te : genua prensabit manu,
Rigabit ora lacrymis, præsens bonum,
Tot spes futuri, voce quàm blanda occinet !

L'Empereur, pour combattre efficacement, e ruiner les chrétiens, compte sur Adrien ; aussi la nouvelle de sa conversion produit un effet d'autant plus surprenant :

Laissons éprouver l'art où la force est sans fruit ;
Leur obstination s'irrite par les peines ;
Il est plus de captifs que de fers et de chaînes ;
Les cachots trop étroits ne les contiennent pas ;
Les haches et les croix sont lasses de trépas...
Titien, à ces mots, dans la salle rendu,
— Ah ! s'est-il écrié, César, tout est perdu.
La frayeur à ce cri par nos veines s'étale ;

Un murmure confus se répand dans la salle :
— Qu'est-ce ? a dit l'Empereur, interdit et troublé.
Le Ciel s'est-il ouvert ? le monde a-t-il tremblé ?
Quelque foudre lancé menace-t-il ma tête ?
Rome d'un étranger est-elle la conquête ?
Ou quelque embrasement consume-t-il ces lieux ?
— Adrien, a-t-il dit, pour Christ renonce aux dieux.

Labor Adriani vincet, et cælo auspice
Quiescet aut elusus, aut fessus furor.
Strident catenis oppida, angusti gemunt
Vomuntque turbam carceres, crebra nece
Fessæ secures, arma carnificis, reis
Tormenta desunt : dixerat, magno ambitu
Titianus intrat grande dicturus nefas :
Res periit omnis, Cæsar ! — Horrendum sonat
Murmur per aulam ; Jovius an letho occidit ?
Romam tyrannus occupat ? Largo perit
Urbs Nicomedis igne ? Quid dubios tenes ?
Eloquere, — Christum noster Adrianus colit !

Nous laissons de côté quantité d'autres passages, également traduits ou imités, et nous arrivons aux imprécations et au désespoir de l'Empereur :

Qu'entreprends-je, chétif, en ces lieux écartés,
Où lieutenant des dieux justement irrités,
Je fais d'un bras vengeur éclater les tempêtes,
Et poursuis des chrétiens les sacrilèges têtes,
Si tandis que j'en prends un inutile soin,
Je vois naître chez moi ce que je fuis si loin ?
Ce que j'extirpe ici dans ma cour prend racine ;
J'élève auprès de moi ce qu'ailleurs j'extermine.

. . . . . *Num quid aggredior miser*
Elusus, exspes ? Ecce per nemorum avia.

Per clausa Phœbo lustra, et æstiferi canis
Perusta flammis arva, Christicolum insequor
Sacrilega vindex capita, et introrsus mea
Surgunt in aula : quos procul venor, meo
Sub latere crescunt.

Voici maintenant la ferme et la noble défense d'Adrien :

Si jusques à ce jour vous avez cru ma vie
Inaccessible même aux assauts de l'envie,
Et si les plus censeurs ne me reprochent rien,
Qui m'a fait si coupable, en me faisant chrétien ?
Christ réprouve la fraude, ordonne la franchise,
Condamne la richesse injustement acquise,
D'un illicite amour défend l'acte indécent,
Et de tremper ses mains dans le sang innocent.

Olim Adriano si stetit vita innocens,
Quæ Christianum culpa constituit reum ?
Christus fidelem ludere incautos vetat,
Verbo aucupari perfido, fraude illice
Captare gazas ; sanguine innocuo manus
Fœdare, veneris scandere illicitæ toros...

L'entrevue d'Adrien et de Natalie, les sentiments et les arguments par lesquels le chrétien essaye de fléchir sa femme qu'il croit encore païenne, et jusqu'à ce beau nom de sœur, qu'il lui donne, tout cela se trouve, en premier lieu, dans l'œuvre de Cellotius ; et la reconnaissance de la foi de Natalie, les tendres et chastes embrassements des deux époux y sont également exprimés en termes touchants :

Oh! d'un Dieu tout-puissant merveilles souveraines!
Laisse-moi, cher époux, prendre part en tes chaînes!
Et si ni notre hymen ni ma chaste amitié
Ne m'ont assez acquis le nom de ta moitié,
Permets que l'alliance enfin s'en accomplisse,
Et que Christ de ces fers aujourd'hui nous unisse.

. . . . *Christe, tam potens habes,*
Tam dulce numen? Teneo te, pars ô mei,
Adriane, mea lux? Effer evinctas manus:
Nunc Adriani rite convenio in manum
Non falsa conjux: Christus hoc vinclo invicem
Sibique amantes sociat. O thalamum! o faces
Diu cupitas!...

Natalie raconte alors à son mari comment elle a été élevée en secret par une mère chrétienne :

Il fit qu'avec le lait, pendante à la mamelle,
Je suçai des chrétiens la créance et le zèle...

. . . . *hærentem uberi*
Christum docebat mater...

Nous sautons encore vingt feuillets; nous passons la scène dans laquelle Natalie, victime d'une illusion, croit son mari parjure, les explications qui suivent la reconnaissance de son erreur, et nous voici arrivés au moment où les deux poètes se séparent. Dans Cellotius, l'Empereur ayant interdit aux femmes l'entrée de la prison, Natalie paraît sur la scène vêtue d'une toge, et obtient du tribun, qu'elle induit en erreur, qu'on l'introduise auprès d'Adrien. Le martyr est amené ensuite devant le tribunal, on apporte les cruels appareils du supplice. Natalie, qui a repris ses habits de femme, encourage son époux, et Adrien meurt sous nos yeux, au milieu des plus affreux tourments. De son corps mutilé une main s'est détachée : Natalie s'en empare, et la recueille dans son sein.

A la fin de son adaptation, Rotrou revient à l'idée du baptême, développée dans la première partie du *Fingido Verdadero :* Adrien demande en effet au prêtre Anthisme de verser l'eau sacrée sur sa tête :

Sans besoin, Adrien, de cette eau salutaire,
Ton sang t'imprimera ce sacré caractère,

lui répond le prêtre ; et c'est à ce moment que s'opère le miracle de la grâce.

Adrien a parlé, Genest parle à son tour,
Ce n'est plus Adrien, c'est Genest qui respire...

A partir de ce jeu de scène, Rotrou redevient l'imitateur de Lope de Vega (voir notre *Histoire du Véritable Saint Genest,* p. 41 et sqq.).

Ainsi l'idée première du drame chrétien, empruntée à Lope de Vega ; la conception de la pièce enclavée, modifiée par le choix que Rotrou a fait d'un autre sujet ; cet autre sujet emprunté à la tragédie latine du jésuite Louis Cellot : voilà aujourd'hui fermé et définitivement achevé le cercle des recherches relatives aux origines du *Véritable Saint-Genest* de Rotrou.

COSROÈS

En feuilletant le volume des *Opera poetica* de Louis Cellot, nous y avons trouvé, p. 238 à 318, une tragédie intitulée *Chosroes,* et nous avons craint un instant, en lisant ce titre, d'être obligé d'en rabattre — les beaux vers bien entendus restant à part — sur ce que nous avions dit du mérite, depuis longtemps reconnu par les juges les plus compétents, et surtout de l'originalité de ce chef-d'œuvre, dont l'invention et la conception sont particulièrement frappantes. Nous pensions jusqu'ici que Rotrou, suivant l'exemple de Corneille, qui avait pris dans les *Annales ecclésiastiques* de Baronius le sujet d'*Héraclius,* avait découvert à cette même source le sujet de *Cosroès :* et dès lors il devenait évident que notre auteur avait construit sa tragédie de toutes pièces, transformé, avec toute la hardiesse et l'indépendance d'un grand génie, les données fournies par Baronius et composé de main de maître l'admirable ouvrage qui avait été son chant du cygne (cf. notre *Histoire du Véritable Saint-Genest,* p. 21 et sqq. et la notice de M. Félix Hémon, p. 455 de son édition du *Théâtre choisi* de Rotrou. M. F. Hémon a placé en tête de ce volume l'étude substantielle que l'Académie française avait couronnée en 1882).

Dieu merci, la lecture du *Chosroes* de Cellotius ne change rien à nos idées, elle les confirme plutôt. Il se peut fort bien après cela que Rotrou n'ait jamais eu la pensée et ne se soit jamais donné la peine de feuilleter les gros in-folios de Baronius; il est très vraisemblable qu'il a pris tout bonnement l'idée de composer un *Cosroès* dans ce même volume de Cellotius qui lui avait déjà fourni les trois premiers actes du *Martyre d'Adrien.* Mais comme la pièce du bon Jésuite est le développement pur et simple du texte des *Annales Ecclésiastiques,* le mérite de Rotrou reste le même, puisqu'il consiste surtout — qu'il l'ait fait sciemment ou à son insu — à n'être point demeuré fidèle aux indications de l'Annaliste chrétien. Une analyse du *Chosroes* latin ne peut avoir d'autre résultat que de grandir le poète français : voilà pourquoi nous la soumettrons à nos lecteurs.

La tragédie de Cellotius débute par un prologue où saint Anastase, martyr, annonce que Dieu va punir le criminel Chosroes et évoque l'ombre d'Hormisdas, père du tyran, mis à mort par son fils. L'ombre d'Hormisdas parait, et saint Anastase, mettant entre ses mains le glaive de la vengeance, lui ordonne d'aller s'abattre sur la maison de Chosroes. Cette ombre, ce fantôme, pourrait bien avoir inspiré à Rotrou l'idée des cauchemars et des visions qui troublent par moments l'esprit du roi. Ce premier acte se termine par un chœur où sont racontés les cruels châtiments réservés aux criminels.

Dans l'ouvrage latin, Chosroes a trois fils, Syroes, Mardesanes, Vologeses. Deux pontifes, sept satrapes et quelques personnages de moindre importance complètent le personnel des acteurs. Syroes est bien le fils aîné, dépouillé de ses droits, Mardesanes est bien le fils de Sira, mais Sira est chrétienne, et elle ne parait pas dans la pièce. On sait que Rotrou au contraire a fait de Sira, à la fois la Cléopâtre et l'Agrippine de son magnifique drame. C'est elle qui excite Mardesane, et entame la lutte avec Siroès. Rien de tout cela dans Cellotius ; par conséquent, rien non plus de cette magnifique scène d'exposition, de cet exorde *ex abrupto* tant de fois admiré chez Rotrou. Le beau caractère de Palmiras, de ce vieux légitimiste, qui pousse et soutient Siroès, est également une création du poète français. Quelques satrapes, et un tribun romain, rappellent bien faiblement, dans la pièce latine, l'énergique intervention de Palmiras.

Les hésitations de Syroes, les scrupules de sa conscience, que nous découvre dans l'Acte III le poète latin, rendent bien invraisemblable, au point de vue moral, la cruauté avec laquelle il va devenir le bourreau de toute sa famille : on le voit, en effet, à la fin de la pièce, condamner Mardesanes à mort, faire arracher les yeux à son jeune frère, l'innocent Vologeses, et livrer enfin son père Chosroes aux satrapes qui le font mourir dans les tourments. La légende ou l'histoire sont reproduites dans toute leur horreur. Le cinquième acte du Jésuite n'est qu'une série d'affreux spectacles : le jeune Vologeses est un Œdipe en miniature, et Syroes en face de ses victimes n'a que des imprécations et des insultes à la bouche.

La beauté du dénouement imaginé par Rotrou lui appartient donc tout entière. Siroès a fait arrêter son père, sa cruelle marâtre Sira, son frère usurpateur Mardesane ; mais une fois maître du trône, il veut couronner sa victoire par la clémence : il donne des ordres pour que son père soit épargné, et il s'agenouille devant lui ; pour que Sira et Mardesane, désormais incapables de lui nuire, soient rendus à la liberté ; c'est à son insu et contre sa volonté que Mardesane s'est percé de son épée, et que Sira et Cosroès ont bu le poison.

Malgré toutes ces différences, quelques ressemblances dans les détails étaient inévitables; tels sont les douloureux combats qui se livrent, dans le cœur de Siroès, entre ses droits légitimes et le respect filial :

O dure destinée, et fatale aventure!
J'ai pour moi la raison, le droit et la nature;
Et, par un triste sort, à nul autre pareil,
Je les ai contre moi si je suis leur conseil.
Du sceptre de mon père l'héritier légitime,
Je n'y puis aspirer sans un énorme crime :
Coupable, je le souille ; innocent, je le perds;
Si mon droit me couronne, il met mon père aux fers;
Et de ma vie, enfin, je hasarde la course
Si mon impiété n'en épuise la source.
O mon père! ô mon sang! ne vous puis-je épargner?
Ne puis-je innocemment ni vivre, ni régner?
Et ne puis-je occuper un trône héréditaire
Qu'au prix de la prison ou du sang de mon père?

Quo fata rapitis? Quis furor superos tenet?
Opus est perire, aut perdere? Et crudum nefas
In utroque regnat : juris eripitur vigor,
Si justus esse pergo; si facio scelus,
In scelere jus est : nullus ad solium est gradus
Nisi per parentis viscera? Ut vitam hauriam
Vitæ auctor obtruncandus? Et prohibent mori
Qui amare dicunt? Et putant vinci probrum
Ubi est nefandum vincere? Aut vitam date,
Aut mortem, amici, sed piam...

Ces vers estimables de Cellotius sont suivis encore de cette énergique réponse du satrape Razates : *Regnum damus: sed vindicandum!*

Citons aussi les hésitations de Mardesane, au moment où Cosroès lui offre le trône :

Par la loi de l'Etat, le sceptre héréditaire
Doit tomber de vos mains en celles de mon frère.
— La loi qu'impose un père est la première loi.

Jus innovabis ? — Jus habet cui dat pater —
Lex patria prohibet — Chosroes et Rex jubet —.

Voici encore un beau mouvement dans la scène de la comparution des coupables devant Siroès :

Ne vous doutiez-vous pas qu'un sceptre était de feu,
Et qu'y portant la main il vous serait nuisible ?

Mardesane.

En effet, cette épreuve en vous-même est visible,
Quand, pour l'avoir touché, vous brûlez de courroux ?

Siroès.

Mais par quel droit encor vous en empariez-vous ?

Mardesane.

Par droit d'obéissance, et par l'ordre d'un père.

Syroes.

Ignem esse nescis sceptra ? Contactu nocent...

Mardesanes.

Sentio vel ex te ; sceptra tetigisti, æstuas...

Syroes.

Quo jure tu autem ?

Mardesanes.

Patris imperium dedit.

Inutile d'insister davantage. Le Cosroès du poète français reste bien définitivement le chef-d'œuvre de Rotrou et l'une des tragédies les plus saisissantes et les plus originales de tout notre théâtre. Nous ne croyons pas qu'il soit possible désormais d'en déposséder notre auteur.

VENCESLAS

L'addition que nous avons à faire à notre *Histoire du Venceslas* consiste à mentionner deux représentations de cette pièce à la Comédie-Française, en l'année 1857.

Cette double solennité avait échappé à nos premières recherches à travers les registres des Feux. Nous avions cité seulement, depuis Talma (*Histoire du Venceslas,* p. 90 et sqq.), une représentation à l'Odéon en 1842, une autre à Dreux en 1867, et deux représentations aux matinées littéraires de Ballande, en 1873 et en 1875. Il faut y ajouter maintenant les deux représentations du lundi 13 et du vendredi 17 juillet, à la Comédie-Française, sous l'administration de M. Empis.

Maubant tenait le rôle de Venceslas ; Beauvallet jouait pour la première fois celui de Ladislas; et Mlle Stella Colas, qui avait débuté l'année précédente aux Français, dans *Zaïre*, représentait l'infante Théodore dans la pièce de Rotrou.

(Nous devons ce souvenir d'une nouvelle représentation de *Venceslas* à notre ami M. Victor Carpentier, ancien inspecteur des théâtres ; et les détails de la note qui précède, à l'obligeant secrétaire-archiviste de la Comédie-Française, M. Monval.)

L'HYPOCONDRIAQUE

M. Marty-Laveaux a bien voulu nous signaler les pages XXXIX et XL de la dissertation d'Ed. Fournier (*La farce et la chanson au théâtre avant 1660*), placées en tête de l'édition des *Chansons de Gaultier Garguille.* Jannet, 1856. Voici ce passage, où il est question des origines de l'*Hypocondriaque :*

Louis Guyon, en ses *Diverses Leçons* (Liv. II, chap. XXV), parle aussi d'une autre farce jouée en son temps. Il s'agissoit d'un pauvre avocat hypocondre, dont le mal étoit de se croire défunt, et qui, à ce titre, refusant toute nourriture, seroit enfin réellement mort de faim, si un neveu de sa femme, qui feignit d'être trépassé, ne lui eût prouvé en mangeant auprès de lui qu'on faisoit des repas de bon vivant dans le royaume sombre. « Cette histoire, dit » Louis Guyon, fut réduite en farce imprimée, la- » quelle fut jouée un soir devant le roi Charles neu- » vième, moy y estant. » Mais où se trouve maintenant cette farce imprimée? Rotrou semble s'en être inspiré pour sa tragi-comédie de l'*Hypocondriaque*, et depuis lui, point de nouvelle. Carmontelle l'imita dans un de ses plus jolis proverbes, *la Diette* (1781, t. VIII, p. 31); mais il est probable que, comme nous, il ne la connaissait que par l'analyse qu'en a faite Louis Guyon.

Edouard Fournier pense donc que Rotrou et Carmontelle avaient puisé à la même source, l'un l'idée de l'*Hypocondriaque*, l'autre les données de son proverbe : *la Diète*. En effet d'après Rotrou, le sujet de l'*Hypocondriaque* serait véritable, tout étrange qu'il paraisse. Cette histoire de Cloridan, jeune seigneur de la Grèce, qui s'évanouit en apprenant la mort de celle qu'il aime (fausse nouvelle inventée par une rivale) ; puis revenu de cet évanouissement, se croit dans les Enfers, se laisse mettre dans un cercueil en plomb, et assiste presque à son enterrement — tout comme Charles Quint à Saint-Just ; — puis se réveille quand on lui tire un coup de pistolet chargé à poudre, aurait, s'il faut en croire l'auteur, un fondement réel. Aussi bien, à la façon dont le poète a traité ce sujet, on ne peut plus y voir qu'un cas pathologique qui relèverait plutôt de l'auteur du *Démon de Socrate*. Il n'y avait qu'une seule manière de développer une pareille donnée, c'est celle qu'a adoptée, sur le ton plaisant et avec une véritable *vis comica*, l'ingénieux Carmontelle. Un autre y eût réussi également, c'est La Fontaine, qui nous présente dans la fable *l'Ivrogne et sa femme* un Hypocondriaque malgré lui :

Quelle personne es-tu ? dit-il à ce fantôme.
— La cellerière du royaume
De Satan, reprit-elle ; et je porte à manger
A ceux qu'enclôt la tombe noire.
Le mari repart sans songer :
« Tu ne leur portes point à boire ! »

Naturam expellas furca...

Rotrou, au contraire, est sérieux et solennel ; les grands sentiments et les beaux vers gâtent tout : l'éloquence continue ennuie.

Eh bien, c'est précisément là ce qui fit en son temps le succès de l'*Hypocondriaque ;* le caractère de nos pères offrait de ces contrastes : à côté des libres saillies de la gaieté gauloise, ils avaient tout à coup des accès de sérieux imperturbable. Alors ils écoutaient sans broncher, aux portes des villes et dans les cérémonies officielles, d'interminables harangues (bon nombre de ces discours même étaient débités en latin) ; ils lisaient des romans en dix volumes, et des poèmes épiques en douze chants. Seul le grand Condé protestait ; encore se cachait-il pour bâiller. Au théâtre enfin, ils suivaient avec un plaisir infini des tragi-comédies ou des pastorales d'une monotonie désespérante. On est étonné, quand on lit les histoires du temps, du nombre de spectacles « parfaitement beaux » et de pièces d'éloquence « parfaitement belles » qui charmaient les oreilles et les yeux des Français de ce temps-là. Tel était, à certaines époques, ce peuple que l'on a représenté comme le plus volage et le moins patient de la terre ! Rotrou a donc suivi le courant : sa première comédie est un ouvrage emphatique et grave. Sa seconde pièce, *la Bague de l'oubli*, est déjà un peu plus gaie ; encore le poète français a-t-il négligé, à dessein sans doute, les scènes les plus amusantes du modèle espagnol, la *Sortija del Olvido*, dont nous avons traduit ailleurs quelques passages (Voir notre *Histoire du Véritable Saint-Genest*, p. 16).

La Diète de Carmontelle est une petite pièce assez agréable à lire. M. Despreuils, affaibli par le traitement de son médecin, se croit mort. Mais pendant son délire, il a fait un testament par lequel il déshérite sa nièce Mme Denerée, dans le cas où elle épouserait le chevalier de Saint-Jules. Un artifice de Mme Babas, la gouvernante, et du valet Le Brun, rend le boire et le manger au pauvre homme qui ressuscite et change son testament, en exigeant au contraire que le chevalier épouse Mme Dénérée. Voici les scènes les plus plaisantes que nous transcrivons d'après l'édition de 1822 ; ce proverbe a comme sous-titre : *Il faut savoir hurler avec les loups.*

SCÈNE VIII.

M. Despreuils, Le Brun.

M. DESPREUILS. — Eh bien, qu'est-ce donc que l'on fait ? Est-ce qu'on ne songe pas à mon enterrement ?

LE BRUN. — Pardonnez-moi, Monsieur, on va apporter la tenture.

M. DESPREUILS. — Avec toutes leurs cérémonies, ces gens-là gâtent la mort ; mais j'ai dit dans mon testament que je n'en voulais point.

LE BRUN. — Dame, Monsieur, je n'en sais rien ; mais puisque le vin est tiré, il faut le boire.

M. DESPREUILS. — Allons, finissez donc.

SCÈNE IX.

M. Despreuils, Le Brun, La Roche, avec des draps et une échelle.

LE BRUN. — Aidez-moi donc, Messieurs.

(*Ils tendent les draps.*)

M. DESPREUILS. — Cela avance-t-il ?

LE BRUN. — Oui, Monsieur, voilà qui est fait !

(*Ils s'en vont.*)

SCÈNE X.

M. DESPREUILS. — Je ne sais pas quand ils viendront me chercher. Je suis bien fâché d'avoir défendu les cloches ; j'aurais entendu tout cela, et je saurais quand on aurait fini, car je ne sens rien.

SCÈNE XI.

M. Despreuils, Le Brun.

LE BRUN, *contrefaisant plusieurs voix.* — Qu'est-ce donc là qui passe?— C'est ce pauvre M. Despreuils.

M. DESPREUILS. — Ah! ah! je passe; cela sera bientôt fait.

LE BRUN. — A-t-il été malade longtemps? — Non; mais ses gens pleurent bien. — C'est qu'ils l'aimaient beaucoup. — Voyez donc ce pauvre Le Brun, comme il est affligé. — Est-ce qu'il était à lui? — Non, mais il ne l'aimait pas moins. — S'il avait su cela, il lui aurait assurément laissé quelque chose. — Allons, voilà le convoi passé. — Adieu, Monsieur, adieu, Madame. — Mes compliments chez vous. — Je n'y manquerai pas.

SCÈNE XII.

M. DESPREUILS. — Je n'entends plus rien. Je voudrais bien savoir où je suis à présent. Je crois que je puis ouvrir les yeux (*Il ouvre les yeux*). Ah! ah! je ne vois que du blanc. Apparemment que ce sont les Champs-Elysées. Mais que dois-je faire? Dois-je me lever ou rester tranquille? Pour le savoir, attendons qu'il paraisse quelques âmes qui sans doute me le diront. — Ah! mon Dieu, que je m'ennuie! On a bien raison de dire dans l'autre monde qu'on s'ennuie comme un mort; mais j'entends quelqu'un; examinons sans rien dire.

SCÈNE XIII.

M. Despreuils, Mme Babas, Le Brun, enveloppés chacun d'un drap de la tête aux pieds.

M. DESPREUILS. — Ce sont deux âmes.

LE BRUN, *bas.* — Le docteur a envoyé une petite bouteille, que j'ai là pour lui faire prendre.

Mme BABAS. — Jetez-la par la fenêtre.

LE BRUN. — Non, je veux la lui faire voir, pour lui prouver que je n'en ai pas eu besoin.

Mme BABAS. — Mme Denerée croit que nous ne réussirons pas.

LE BRUN. — Elle verra qu'elle s'est trompée.

M. DESPREUILS. — Je n'entends pas un mot de ce qu'ils disent; mais que vois-je! Je crois que c'est Le Brun?

LE BRUN. — Oui, Monsieur, c'est moi-même.

M. DESPREUILS. — Depuis quand es-tu mort?

LE BRUN. — Monsieur, deux heures après Madame Babas.

M. DESPREUILS. — Madame Babas est morte?

Mme BABAS. — Oui, mon cher maître, du chagrin de ne plus vous voir : j'ai dit comme cela, qu'est-ce que j'ai à faire au monde à présent? Et je suis morte tout de suite, et Le Brun, qui m'aimait, est mort aussi.

M. DESPREUILS. — En vérité, mes amis, j'en suis bien aise, car je ne connais personne ici.

Mme BABAS. — Que faisiez-vous donc là?

M. DESPREUILS. — Rien. Je m'ennuiais.

LE BRUN. — Mais il faut faire quelque chose pour s'amuser.

M. DESPREUILS. — Eh quoi?

Mme BABAS. — Boire et manger.

M. DESPREUILS. — Vous vous moquez de moi; des âmes ne mangent pas.

LE BRUN. — Je le croyais comme vous; mais nous avons déjà goûté, et nous allons souper.

M. DESPREUILS. — Quel conte vous me faites!

LE BRUN. — Vous allez voir : Madame Babas, vous avez nos deux poulets ?

Mme BABAS. — Oui, les voici ; je les ai choisis bien gras.

LE BRUN. — Et moi, j'ai deux bouteilles de vin, du meilleur qui soit en Bourgogne.

M. DESPREUILS. — Et vous allez boire et manger.

LE BRUN. — Sûrement ; vous allez voir.

M. DESPREUILS. — Je ne comprends pas cela.

Mme BABAS. — Est-ce que vous n'avez pas faim ?

M. DESPREUILS. — Parbleu si fait, j'ai faim et soif, on ne peut pas davantage : mais je ne crois pas que je doive manger.

Mme BABAS. — Eh bien, Monsieur, ce sont vos affaires ; pour nous, nous allons toujours manger, n'est-ce pas, Le Brun ?

LE BRUN. — Ah ! je vous en réponds...

Mme BABAS. — Mettons-nous ici auprès de Monsieur pour lui tenir compagnie. Voilà votre poulet. Donnez-moi du pain.

LE BRUN. — En voici. (*Ils mangent.*)

M. DESPREUILS. — Votre poulet sent bien bon.

Mme BABAS. — Il est excellent !

LE BRUN. — J'avais bien faim.

Mme BABAS. — Buvons donc.

LE BRUN. — Volontiers. (*Il verse à boire et ils boivent.*)

M. DESPREUILS. — Savez-vous à quoi je pense, pendant que vous mangez tous les deux ?

LE BRUN, *la bouche pleine*.—Non, Monsieur, à quoi ?

M. DESPREUILS. — A tout ce qu'on dit dans le monde d'où nous venons, quand on parle de celui-ci.

LE BRUN. — Oui, cela est bien drôle ; on y parle souvent de tout, sans savoir ce qu'on dit.

M. Despreuils. — Assurément, puisqu'on dit que quand on est mort, on ne mange pas.

Mme Babas. — Ah! mais, dame, écoutez donc, peut-être qu'ici il n'y a que le peuple qui mange, pour le récompenser de n'avoir pas fait aussi bonne chère que vous de son vivant.

Le Brun. — Ah! pardi, pour moi je serais bien fâché de n'être pas peuple ici; je serais privé d'un trop grand plaisir.

Mme Babas. — Ce qu'il y a de meilleur encore, c'est qu'on peut manger tout ce qu'on veut, sans craindre que cela fasse du mal, parce qu'on ne meurt pas deux fois.

Le Brun. — Cela n'est pas malheureux; on n'est seulement pas malade ici; ce n'est pas comme là-haut. En vérité, je les plains bien ces pauvres vivants! Allons, buvons.

Mme Babas. — Monsieur, à votre santé.

Le Brun. — C'est sans cérémonie. A l'honneur de la vôtre.

M. Despreuils. — Vous trouvez donc du goût à ce que vous mangez?

Mme Babas. — Et un bon goût. Tenez, sentez cela.

M. Despreuils. — Diable! Cela augmente ma faim.

Le Brun. — Cela est bien malheureux d'être condamné comme cela à avoir toujours faim, sans pouvoir manger.

M. Despreuils. — Vous croyez que je suis condamné à cela?

Mme Babas. — Ah, dame, je ne sais pas. Qu'est-ce qui sait cela? Si vous voulez, quand nous aurons fait connaissance ici, nous nous informerons des tenants et des aboutissants, et nous vous dirons de quoi il retourne.

M. Despreuils. — Oui, mais en attendant...

LE BRUN. — Vous êtes sûr de ne pas mourir de faim.

M. DESPREUILS. — Oui, mais de souffrir beaucoup.

LE BRUN. — Cela pourrait bien être ; mais il faut prendre patience, je n'y sais pas d'autre remède.

M. DESPREUILS. — Ecoutez-moi, vous êtes tous les deux mes amis.

Mme BABAS. — Et nous le serons toujours à présent ; voilà de quoi vous pouvez être bien sûr.

M. DESPREUILS. — Si vous me promettiez le secret, il me semble que je pourrais essayer de manger?

LE BRUN. — Oui, mais c'est que nous avons encore faim.

M. DESPREUILS. — Rien qu'une cuisse de poulet seulement.

Mme BABAS. — Ah ! oui, pour essayer n'est-ce pas ?

LE BRUN. — Oui, mais c'est que l'appétit vient quelquefois en mangeant, et puis nous...

M. DESPREUILS. — Mes amis, je vous en prie.

Mme BABAS. — Vous n'en direz rien.

M. DESPREUILS. — Non, non.

LE BRUN. — Tenez, voilà une cuisse.

Mme BABAS. — et du pain.

M. DESPREUILS. — En vous remerçiant. (*Il dévore.*)

Mme BABAS. — Cela est-il bon ?

M. DESPREUILS. (*La bouche pleine.*) — Excellent !

LE BRUN. — Il faut boire.

M. DESPREUILS. — Donnez, donnez. (*Il boit.*) Voilà de bon vin.

LE BRUN. — C'est qu'il n'y a pas ici de cabaretier. Le vin est naturel.

M. DESPREUILS. — Donnez-moi quelque chose encore.

Le Brun. — Tenez, une aile.

M. Despreuils. — Donnez-moi à boire. (*Il boit.*)

Mme Babas. — Cela ne va pas mal. Je commence à croire à présent que vous n'êtes pas condamné à mourir toujours de faim; dame, écoutez donc; plus on vit, plus on apprend.

M. Despreuils. — En vérité, mes amis, je suis bien heureux que vous soyez morts.

Le Brun. — Buvez, buvez. (*Il lui verse à boire.*)

M. Despreuils, *après avoir bu.* — Tout cela me fait un grand plaisir!

Le Brun. — Vous voyez bien que les morts vous apprennent à vivre.

Mme Babas. — Si j'étais de vous, pour vous amuser, car vous n'avez rien à faire, je m'amuserais à dormir, c'est toujours autant de pris.

M. Despreuils. — Les morts dorment-ils?

Le Brun. — Tant qu'ils veulent.

M. Despreuils. — Je commence à le croire, car j'en ai bien envie.

Mme Babas. — Eh bien, essayez-vous. Attendez, je vais raccommoder votre bonnet de nuit et votre couvre-pieds. Là, voilà qui est bien, bonsoir.

M. Despreuils. — Bonsoir, bonsoir.

Le Brun. — Bonsoir, Monsieur. Il ne me répond pas; bonsoir, Monsieur. Ma foi, il est déjà endormi.

Mme Babas. — Le voilà sauvé.

Le Brun. — Pour moi, je le crois. Bonsoir, Monsieur. Il n'entend rien.

Mme Babas. — Allons, emportons tout cela,

Le Brun. — Non, laissons-le là.

Une autre scène assez plaisante est la scène XV, où le médecin arrivant sur ces entrefaites attribue à la diète et à la saignée la guérison de son client, et s'étonne de ce qu'il apprend :

M. SOBRIN. — Quoi ! vous l'avez fait manger?

Mme BABAS. — Oui, Monsieur; tenez, voilà les restes du poulet et du vin.

M. SOBRIN. — Et vous le croyez guéri ?

LE BRUN. — Assurément, et vous en êtes convenu vous-même tout à l'heure.

M. SOBRIN. — Eh bien, je me suis trompé.

Mme BABAS. — C'est peut-être votre habitude.

Mme DENERÉE. — Docteur, vous convenez donc que M. Despreuils...

M. SOBRIN. — Est fort mal.

M. DESPREUILS. — Moi, fort mal ! (*Il se lève.*) Je ne conviendrai pas de cela.

M. SOBRIN. — Voyez à quoi vous l'exposez.

M. DESPREUILS. — A te chasser, maudit ignorant.

M. SOBRIN. — Ceci est un peu fort; un malade n'a jamais chassé un médecin. Vous me rappellerez, mais vous ne m'aurez pas quand vous voudrez.

Nous renouvelons, en terminant cet appendice à nos précédentes études sur le poète Rotrou, le vœu que nous avons déjà plus d'une fois exprimé : Puisse quelque heureux érudit découvrir un jour les origines italiennes de *la Sœur* !

FIN DE L'APPENDICE.

VERSAILLES, IMP. CERF ET FILS, RUE DUPLESSIS, 59.

www.ingramcontent.com/pod-product-compliance
Ingram Content Group UK Ltd.
Pitfield, Milton Keynes, MK11 3LW, UK
UKHW022110190726
13855UKWH00002B/772